企业短视频攻略

账号运营+文案编写+引流涨粉+带货卖货

陈楠华　李格华　著

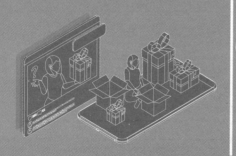

化学工业出版社

·北京·

内容简介

企业运作短视频的工作可分为四部分：一是账号的基本运营，这是基础，是企业运营人员的基本工作；二是文案的编写和推广，这是进阶，好的文案能让视频更加火爆；三是企业的引流涨粉，这是核心，没有粉丝流量，一切都是徒劳；四是产品的带货卖货，这是目的，企业的终极目标是变现盈利。

《企业短视频攻略：账号运营+文案编写+引流涨粉+带货卖货》通过11个专题介绍以上四部分内容。有60多种运营方法可供解决企业短视频运营难题，助企业早日盈利。本书不仅适合对短视频运营有需求的企业或个人，也适合作为短视频相关的培训教材，还可作为大专院校相关专业的辅助教材。

图书在版编目（CIP）数据

企业短视频攻略：账号运营+文案编写+引流涨粉+带货卖货/陈楠华，李格华著．—北京：化学工业出版社，2021.3（2024.8重印）
ISBN 978-7-122-38280-1

Ⅰ.①企⋯ Ⅱ.①陈⋯②李⋯ Ⅲ.①企业管理-网络营销 Ⅳ.①F274-39

中国版本图书馆CIP数据核字（2020）第269727号

责任编辑：刘　丹　　　　　　　　　装帧设计：王晓宇
责任校对：张雨彤

出版发行：化学工业出版社（北京市东城区青年湖南街13号　邮政编码100011）
印　　装：大厂聚鑫印刷有限责任公司
710mm×1000mm　1/16　印张15　字数271千字
2024年8月北京第1版第4次印刷

购书咨询：010-64518888　　　　　　售后服务：010-64518899
网　　址：http://www.cip.com.cn
凡购买本书，如有缺损质量问题，本社销售中心负责调换。

定　　价：59.00元　　　　　　　　　　　　　　　版权所有　违者必究

前言

新零售数字化的新工具

2020年，一位从未做过短视频的朋友开了直播公司，每月营收还不低。了解后发现，他们是专门帮助企业运营短视频的。

这件事对笔者触动很大，短视频与直播本应是企业培育精准粉丝的重要工具，还可以再现情怀与传承文化，然而通过第三方来管理企业短视频，缺乏情感链接与温度传递，只剩下浓厚的商业气息，这给品牌的成长与延续带来了隐患。

在短视频与直播带货盛行的今天，企业究竟该怎样做才能与时代接轨？这是本书诞生的背景。

2020年"两会"期间，"直播电商"出现的频率不低，可以看出"直播带货"越来越受到官方的重视。直播是互联网工具的升级应用，带货是卖场的变异。短视频与直播电商，可以理解为人、货、场的延伸扩展，本书旨在帮助企业家拓展互联网思维，为企业增加短视频与直播电商板块助力。

未来的商务载体，没有短视频与直播模块，就不是健全的商事主体。犹如朝九晚五的上班机制，从管理学的角度来说没有问题，但可服务的客户群体不一定遵从这个看似合理的时间规律，一大批目标客户都跑到那些创新运营的机构去了。不与时俱进的管理不是有效的管理，不懂客户心理的运营也不是黏性强的运营。

恰处风口上的短视频带货与直播电商，是新零售数字化的新工具，是商品与品牌抵达用户的最短捷径。企业搭建短视频与直播体系迫在眉睫。本书汇聚了笔者多年的电商经验，重点介绍了短视频账号的基本运营、文案的编写、粉丝的引流、企业的带货，帮助企业尽快成功转型。

短视频与直播带货赋能企业发展，一是可以帮助企业提升品牌知名度；二是帮助企业提升产品销售额，促进利润增长；三是通过大数据及市场反馈优化产品质量和服务，从而提高企业核心竞争力。

本书旨在引领企业从大处思考、从小处着手、脚踏实地开创企业的短视频与直播带货新纪元！在创作过程中，本书得到了吴帝聪、潘静、刘小华、唐勇、李雪花、程铨、邓峻文、陈换等人的大力支持，在此一并表示感谢！由于笔者学识所限，本书若有疏漏之处，恳请读者批评指正。

著者

目录

第1章
注册账号，挖掘商机 / 001

1.1 账号定位，找准方向 / 002
- 1.1.1 利用专长，吸引目光 / 002
- 1.1.2 结合需求，赢得青睐 / 003
- 1.1.3 内容稀缺，制造效应 / 004
- 1.1.4 品牌特色，获取认同 / 005

1.2 信息设置，打上标签 / 006
- 1.2.1 登录步骤，详细介绍 / 007
- 1.2.2 头像设置，树立形象 / 009
- 1.2.3 昵称设置，特点展现 / 012
- 1.2.4 资料设置，全面介绍 / 014
- 1.2.5 封面设置，吸引眼球 / 017

第2章
了解蓝V，提高权重 / 019

2.1 4个特权，尽显价值 / 020
- 2.1.1 独特外显，风格新颖 / 020
- 2.1.2 营销转化，宣传迅速 / 021
- 2.1.3 客户管理，时时追踪 / 023

2.1.4 数据沉淀，全面了解 / 023

2.2 遵守规则，把握方向 / 024
  2.2.1 全面了解，抖音养号 / 024
  2.2.2 阶段养号，实现价值 / 024

2.3 快速养号，提升权重 / 025
  2.3.1 1人1机，固定网络 / 026
  2.3.2 个人信息，真实完善 / 026
  2.3.3 保持活跃，增生价值 / 026

2.4 吸金账号，如何打造 / 027
  2.4.1 看清时态，借势发力 / 027
  2.4.2 本能需求，强烈关注 / 028
  2.4.3 塑造看点，挖掘优势 / 031
  2.4.4 商业投放，看清形势 / 032
  2.4.5 做好形象，获得信任 / 032

第3章
认证蓝V，运营顺畅 / 037

3.1 注册账号，做好认证 / 038
  3.1.1 企业账号，核心价值 / 038
  3.1.2 账号注册，信息设置 / 039
  3.1.3 账号认证，材料准备 / 040
  3.1.4 账号认证，具体步骤 / 041

3.2 6种玩法，企业账号 / 043
  3.2.1 展示产品，吸引目光 / 043
  3.2.2 树立标签，风格独立 / 044
  3.2.3 发布热点，紧跟潮流 / 045
  3.2.4 邀请达人，扩大宣传 / 046
  3.2.5 推出特效，科技体验 / 047
  3.2.6 制作音乐，调动情绪 / 048

3.3 4种技巧，高效运营 / 049

3.3.1 账号后台，功能实操 / 049

3.3.2 账号运营，做好内容 / 053

3.3.3 企业账号，如何营销 / 054

3.3.4 账号运营，注意事项 / 055

第4章
打造爆款，获得推荐 / 059

4.1 爆款优势，如何展示 / 060

4.1.1 营销对象，足够精准 / 060

4.1.2 满足消费者诉求 / 061

4.1.3 及早入场，夺取先机 / 062

4.1.4 注重外观，留住顾客 / 063

4.1.5 呈现爆点，凸显体验 / 063

4.1.6 客户要求，精确定位 / 064

4.1.7 产品营销，设计体系 / 065

4.1.8 赢取价值，产生共鸣 / 065

4.2 目标市场，准确抢占 / 066

4.2.1 精确定位，打造口碑 / 066

4.2.2 细分市场，切入目标 / 067

4.2.3 抓住长尾，创造价值 / 068

4.2.4 借助比衬，提升名气 / 068

4.2.5 给予精神，赋予力量 / 070

4.3 凭借营销，引爆销量 / 071

4.3.1 薄利多销，吸引目光 / 072

4.3.2 饥饿战略，制造热度 / 073

4.3.3 运用事件，结合时势 / 073

4.3.4 口碑营销，带动流量 / 074

4.3.5 打响品牌，深入人心 / 076

4.3.6 借力营销，合作共赢 / 077

第5章
文案定位确定人群 / 079

5.1 做好定位，确定群体 / 080
- 5.1.1 找准基调，协调发展 / 080
- 5.1.2 用户定位，了解特性 / 081
- 5.1.3 内容定位，展现优势 / 081

5.2 市场调研，找到突破 / 083
- 5.2.1 实地调查，适应变化 / 083
- 5.2.2 问卷调查，循序渐进 / 084
- 5.2.3 宣传调查，加强推广 / 085
- 5.2.4 典型调查，选择对象 / 087
- 5.2.5 抽样调查，推算结果 / 088
- 5.2.6 全面调查，广泛捕捞 / 089
- 5.2.7 访问调查，收集资料 / 089
- 5.2.8 文献调查，精确认知 / 089

第6章
打磨文案的完全攻略 / 091

6.1 视频标题的制作要点 / 092
- 6.1.1 标题内容，联系紧密 / 092
- 6.1.2 简洁明了，突出重点 / 092
- 6.1.3 善用词语，抓人眼球 / 092

6.2 创作标题要掌握技巧 / 094
- 6.2.1 拟写标题的3个原则 / 094
- 6.2.2 利用词根增加曝光 / 095
- 6.2.3 标题内容，凸显主旨 / 095

6.3 视频标题的12种套路 / 096
- 6.3.1 把握心理，福利发送 / 096
- 6.3.2 掌握技能，价值传达 / 097
- 6.3.3 励志鼓舞，"现身说法" / 098

    6.3.4　揭露解密，满足好奇　/ 100
    6.3.5　视觉冲击，触动心灵　/ 100
    6.3.6　悬念制造，"诱饵效应"　/ 102
    6.3.7　借势热点，增加曝光　/ 103
    6.3.8　警示受众，令人深思　/ 104
    6.3.9　独家分享，"可圈可点"　/ 106
    6.3.10　紧急处理，快速行动　/ 107
    6.3.11　数字具化，通俗易懂　/ 108
    6.3.12　观点表达，突出重点　/ 110
  6.4　活跃评论，打造方法　/ 111
    6.4.1　视频内容，引发讨论　/ 111
    6.4.2　设置话题，产生互动　/ 112
    6.4.3　内容普遍，引发共鸣　/ 113
    6.4.4　通过提问，吸引用户　/ 114
    6.4.5　场景回复，吸引目光　/ 116
  6.5　评论回复，注意事项　/ 116
    6.5.1　快速回复，获得好感　/ 116
    6.5.2　细致回应，用户观点　/ 117
    6.5.3　寻找话题，继续讨论　/ 118
    6.5.4　语言幽默，吸引点赞　/ 119
    6.5.5　制造问题，活跃气氛　/ 119
    6.5.6　重视细节，转化粉丝　/ 120
    6.5.7　面对吐槽，切勿互怼　/ 121
    6.5.8　做好检查，减少错误　/ 122

第7章
平台引流，获取粉丝　/ 125

  7.1　抖音引流，方式简单　/ 126
    7.1.1　坚持原创，吸引流量　/ 126
    7.1.2　利用功能，推荐引流　/ 126
    7.1.3　植入广告，投放信息　/ 128

    7.1.4　5个技巧，做好引流　/ 129

    7.1.5　4个原则，评论互动　/ 131

    7.1.6　搭建团队，矩阵引流　/ 132

    7.1.7　垂直行业，线下引流　/ 133

  7.2　如何实现快速涨粉　/ 134

    7.2.1　"高潮"前置，抓住用户　/ 134

    7.2.2　借势热点，吸引客户　/ 135

    7.2.3　抖音工具，巧妙运用　/ 135

    7.2.4　设置话题，树立标签　/ 136

  7.3　积累粉丝，收获流量　/ 138

    7.3.1　微信平台，导流强大　/ 138

    7.3.2　二次转化，微信互推　/ 140

    7.3.3　维护平台，深度沉淀　/ 143

    7.3.4　微信引流，实现价值　/ 145

  7.4　4种活动，助推增粉　/ 146

    7.4.1　舞蹈挑战，打破印象　/ 146

    7.4.2　音乐挑战，制造爆点　/ 146

    7.4.3　表情挑战，吸引目光　/ 147

    7.4.4　话题挑战，共同参与　/ 148

  7.5　6种方法，粉丝暴增　/ 149

    7.5.1　6大平台，一键分发　/ 149

    7.5.2　3大要点，增加关注　/ 150

    7.5.3　3个建议，破解限流　/ 152

    7.5.4　4个大招，引流倍增　/ 152

    7.5.5　8大事项，注意了解　/ 153

    7.5.6　6大标配，逐步成长　/ 155

第8章
直播引流，重构形态　/ 159

  8.1　优势互补，共享流量　/ 160

    8.1.1　网络直播，互动沟通　/ 160

        8.1.2 视频特性，全面掌握 / 160
        8.1.3 相辅相成，转化流量 / 163
    8.2 抖音平台，特点机制 / 164
        8.2.1 视频直播，开通方法 / 165
        8.2.2 两种技巧，直播运营 / 169
    8.3 快手直播，社交联结 / 171
        8.3.1 平台运行，开通方法 / 172
        8.3.2 直播发展，运营技巧 / 173

第9章
直播卖货，推荐好物 / 177

    9.1 直播带货，介绍好物 / 178
        9.1.1 直播渠道，4个优势 / 178
        9.1.2 主播顾客，相辅相成 / 179
        9.1.3 掌握技巧，提高效率 / 180
        9.1.4 塑造价值，提升高度 / 181
        9.1.5 锁定需求，抓住痛点 / 183
        9.1.6 营造氛围，快速下单 / 186
    9.2 直播手段，带货关键 / 188
        9.2.1 专业导购，答疑解惑 / 188
        9.2.2 创意直播，展示产品 / 189
        9.2.3 放大优势，便于记忆 / 190
        9.2.4 围绕特点，策划段子 / 190
        9.2.5 言之有物，精准营销 / 191
        9.2.6 场景植入，展现品牌 / 191
        9.2.7 建立口碑，吸引顾客 / 192
        9.2.8 专注产品，奠定基础 / 193
        9.2.9 利用福利，发送惊喜 / 193
        9.2.10 送出优惠，引导消费 / 195
        9.2.11 设置悬念，心理诱导 / 196
        9.2.12 亲身体验，获得信赖 / 197

第10章
视频带货，激发渴望 / 199

10.1　3大优势，视频带货 / 200
- 10.1.1　流量创造，能力较强 / 200
- 10.1.2　粉丝经济，独特黏性 / 201
- 10.1.3　视频标签，互动活跃 / 202

10.2　视频营销，如何盈利 / 203
- 10.2.1　选对产品，增加转化 / 203
- 10.2.2　6大技巧，拍摄视频 / 204
- 10.2.3　达人合作，借势成长 / 209
- 10.2.4　兼顾传统，有利传播 / 210
- 10.2.5　视频带货，最新玩法 / 212

第11章
平台小店，高效转化 / 215

11.1　快手小店，营销获利 / 216
- 11.1.1　小店介绍，掌握基础 / 216
- 11.1.2　快手小店，获得机遇 / 217
- 11.1.3　违禁商品，禁止分享 / 218
- 11.1.4　小店达人，遵守规则 / 218
- 11.1.5　商品分享，注意事项 / 219

11.2　管理小店，获取权限 / 220
- 11.2.1　快手小店，开通方法 / 220
- 11.2.2　快手商品，如何添加 / 222
- 11.2.3　商品链接，如何获取 / 224

11.3　运营策略，提升流量 / 225
- 11.3.1　入门运营，详细介绍 / 225
- 11.3.2　4大要点，精细运营 / 226
- 11.3.3　多种玩法，更好运营 / 227

第 1 章

注册账号,挖掘商机

一个账号必须要明确定位,才好把握软件的使用价值。在使用过程中,用户可以根据获取的信息发现软件的使用价值,挖掘商机。

这一章主要介绍抖音和快手的账号定位与基本信息设置。

1.1 账号定位，找准方向

在做一件事情之前，一定要先找准方向，然后才能做到有的放矢。短视频平台运营也是如此。下面为大家介绍四种账号定位方法。

1.1.1 利用专长，吸引目光

对于拥有专长的人，根据专长做定位是一种最为直接和有效的方法。短视频运营者只对自己或团队成员进行分析，然后选择某个或某几个专长进行账号定位。

例如，快手账号名为"真.键盘侠"的运营者是一位非常热爱弹钢琴的视频博主，他经常分享钢琴的弹唱教学，将自己的账号定位为音乐作品分享类。他通过该账号分享了当下热门歌曲的钢琴弹唱方法，获得了不少粉丝的喜爱，如图1-1所示。

又如，抖音账号运营者"Nemo"，他非常喜欢做菜，就在抖音短视频平台分享做菜的过程。他把自己的账号定位为美食作品分享类。"Nemo"分享了大量美食制作类视频，这些作品让他收获了大量粉丝，如图1-2所示。

图 1-1 "真.键盘侠"的相关快手短视频

图 1-2 "Nemo"发布的抖音短视频

不难看出，只要短视频运营者拥有专长，且该专长是用户比较关注的，将该专长作为账号的定位，就可以不断吸引用户关注，这是一种长期有效的方法。

1.1.2 结合需求，赢得青睐

通常来说，要想赢得用户的青睐，就要学会结合用户的需求进行定位，这是一种不错的方法。下面为大家举例说明如何结合客户需求进行精确定位。

很多女性都有化妆的习惯，但又觉得自己的化妆水平不高，这些女性通常比较关注美妆类的内容。短视频运营者如果对美妆内容比较擅长，就可以拍摄相关视频，将账号定位为美妆类。

例如，快手短视频平台有一位名为"李臭臭"的视频博主，她专注于化眼妆，在快手短视频平台发布了大量的眼妆教程，她把自己的账号定位为美妆类，并持续为用户分享美妆类内容。她画的眼妆很漂亮，学起来也比较容易，因此，受到了很多用户的关注与喜爱。如图1-3所示为"李臭臭"发布的相关快手短视频，视频得到了很多粉丝的点赞与评论。

同样，在抖音短视频平台，也有很多美妆博主。例如，抖音号"@NN会有猫的"的运营者在抖音平台发布美妆视频，由于视频精致好看，受到了很多女性的喜爱，粉丝数量超过了50万。图1-4所示为"@NN会有猫的"的美妆教程。

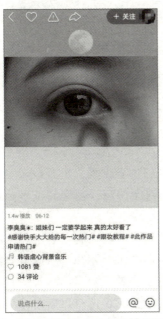

图 1-3 "李臭臭"发布的相关快手短视频

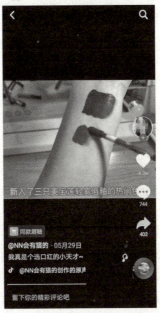

图 1-4 "@NN 会有猫的"的美妆教程

除了美妆，用户普遍有需求的内容还有很多，游戏视频便是其中之一。许多短视频用户喜欢以观看游戏视频的方式打发空闲时间。因此，短视频平台出现了很多游戏博主。例如，在快手短视频平台，一个账号名为"王者-南辰"的视频博主，他把账号定位为游戏类。通过上传游戏视频，很快收获了大量粉丝，他发布的视频截图如图1-5所示。

图1-5 "王者-南辰"发布的相关快手短视频

1.1.3 内容稀缺，制造效应

短视频运营者可以从视频类型中相对稀缺的内容出发，进行账号定位。以快手为例，一位名为"陈柏川摄影博主u"的视频博主，其作品集里全是摄影图片，他把账号定位为摄影类，如图1-6所示。

像这种专门做摄影内容的快手号本身就比较少，其内容就有了一定的稀缺性。同时，越来越多的人喜欢拍照，但由于拍照技术并不高，所以他们会关注分享摄影技巧的账号，因此，账号粉丝数量慢慢增多。

除了平台上本来就稀缺的内容之外，短视频运营者还可以展示自身拥有的独特性内容，其中比较具有代表性的是抖音短视频平台的一位美食博主，她的抖音账号是"@大野蜜探背锅侠"。

这是以分享美食制作为主的抖音号。但与其他美食制作类账号不同的是，这个抖音号制作的美食都特别惊人。比如，这个账号会分享用一百斤柠檬榨汁的过程，如图1-7所示。

图 1-6 "陈柏川摄影博主 u"的相关视频　　图 1-7 "@ 大野蜜探背锅侠"的相关视频

因为这个账号分享的美食制作食材数量比较多，所以食材的成本相对来说会比较高，在抖音中，也很少会出现类似的美食制作视频。这样一来，"@大野蜜探背锅侠"的视频就有了稀缺性，再加上许多人都有猎奇心理，这类账号很容易受到很多粉丝的关注与喜爱。

1.1.4 品牌特色，获取认同

许多企业和品牌在长期的发展过程中已经形成了自身的特色。如果根据这些特色进行定位，通常会比较容易获得短视频用户的认同。

根据品牌特色做定位可以细分为两种方法：一是以能够代表企业的物象做账号定位；二是以企业或品牌的业务范围做账号定位。

"蜜雪冰城"就是用一个能够代表企业的物象做账号定位的快手号。在快手短视频平台,企业将"蜜雪冰城"的卡通形象作为人物形象来进行品牌宣传,如图1-8所示。

熟悉"蜜雪冰城"的人都知道这个品牌的卡通形象和LOGO是图片中的小雪人。企业把卡通图片转化为具体物象,很好地宣传了品牌,"蜜雪冰城"便具有了自身独特的品牌特色,这种通过卡通形象来表达的方式更容易被人记住。

抖音号"QQ音乐"是以企业或品牌的业务范围做账号定位的代表。在抖音短视频平台,经常能看到"QQ音乐"推荐的音乐视频,企业把该账号定位为音乐信息分享,受到了广大乐迷的喜欢。图1-9所示为该账号发布的抖音短视频。

图1-8 "蜜雪冰城"发布的快手视频　　图1-9 "QQ音乐"发布的抖音短视频

1.2 信息设置,打上标签

要做短视频的运营,首先必须注册一个账号,并对账号的信息进行设置,打上自己最满意的标签。这一节内容就以快手与抖音两个平台为例，介绍各自的登录步骤和信息设置。

1.2.1 登录步骤，详细介绍

（1）快手登录信息设置

在快手平台，用户只需用手机号或相关平台的账号登录即可，下面是详细介绍。

步骤01 点击界面左上方的"登录"按钮，进入账号登录界面。可点击"一键登录"按钮，直接用授权的账号登录快手短视频平台，还可以点击"其他方式登录"按钮，进入如图1-10所示的账号登录方式选择界面。该界面中，用户可以选择用手机号、微信号、QQ号、微博号登录。

步骤02 以QQ号登录为例，用户只需点击 按钮，便可进入QQ号授权登录界面，如图1-11所示。

图 1-10 账号登录方式选择界面

图 1-11 QQ 号授权登录界面

> 步骤03 用户点击QQ号授权登录界面的"QQ授权登录"按钮,进入授权申请界面,如图1-12所示。

> 步骤04 点击授权申请界面的"完成QQ授权"按钮。操作完成后,返回快手短视频平台,如果界面左上方的"登录"按钮变成了三按钮,说明登录成功了,如图1-13所示。

图1-12 授权申请界面　　　　　图1-13 成功登录快手平台

（2）抖音登录信息设置

抖音只需用手机号或微信等账号直接登录即可,具体操作如下。

> 步骤01 进入抖音短视频App之后,点击界面右下角的"我"按钮,进入账号登录界面。点击"本机号码一键登录"按钮,用手机号登录。除了手机号登录外,还可通过其他方式登录。

> 步骤02 点击"其他方式登录"按钮,会弹出其他账号登录抖音号选项,如图1-14所示。例如,我们点击 按钮,可进入微信登录确认界面,点击界面中的"同意"按钮,便可用该微信号登录抖音,如图1-15所示。

图1-14 弹出其他账号登录选项

图1-15 微信登录确认界面

1.2.2 头像设置，树立形象

头像是账号的门面，许多用户看一个账号时，首先注意到的就是账号的头像，因此，头像的设置尤为关键。通常来说，可以根据需要达到的目的设置头像。如果运营重点是打造自身形象，可以将个人形象照设置为头像；如果以销售产品为主，可以将产品图片设置为头像。

以快手和抖音两大短视频平台为例，两个平台头像设置的具体操作步骤如下。

（1）快手头像设置

步骤01 登录快手短视频平台，❶点击界面右上方的 ≡ 按钮；在弹出的菜单栏中，❷点击左侧的头像，进入快手号主页界面，如图1-16所示。

步骤02 如果用户点击快手主页界面的头像，可直接进入"个人头像"页面，如图1-17所示；点击"完善资料"按钮，进入"编辑个人资料"界面，再点击"头像"，同样进入"个人头像"界面。

步骤03 点击"更换头像"按钮，可选择"拍一张"或"从相册选取"，如图1-18所示，点击"从相册选取"可进入手机相册，选择已有照片。

步骤04 选择好照片后，进入"预览"界面，如图1-19所示。点击界面的 ✓ 按钮。操作完成后，返回"个人头像"界面，如果页面弹出"上传成功"的提示，就说明头像设置成功了。

企业短视频攻略：
账号运营+文案编写+引流涨粉+带货卖货

图 1-16　点击菜单栏左侧的头像

图 1-17　快手号主页界面

图 1-18　弹出照片获取对话框

图 1-19　"预览"界面

（2）抖音头像设置

> **步骤01**　进入抖音短视频App的"我"界面，点击界面的抖音头像，如图1-20所示。

● 步骤02 进入"头像展示"界面,点击下方的"更换"按钮,如图1-21所示。

图1-20　点击抖音头像

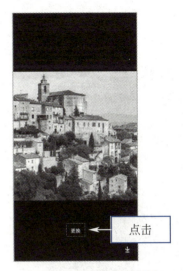
图1-21　点击"更换"按钮

● 步骤03 操作完成后,弹出"头像修改方式"对话框,用户可以通过"拍一张"或"从相册选择"的方式进行头像修改,这里以"从相册选择"为例进行说明,如图1-22所示。

● 步骤04 选择"从相册选择"选项之后,从相册中勾选出自己认为好看的图片作为头像,如图1-23所示。

图1-22　选择"从相册选择"选项

图1-23　选择需要作为头像的图片

步骤05 进入图片裁剪页面，对图片进行裁剪之后，点击下方的"完成"按钮，如图1-24所示。

步骤06 操作完成后，返回"我"界面，同时头像修改完成，如图1-25所示。

图 1-24　点击"完成"按钮

图 1-25　完成头像修改

1.2.3 昵称设置，特点展现

（1）快手昵称设置

和头像信息设置相同，快手号的昵称也在"编辑个人资料"界面进行设置。点击该界面的昵称一栏，便可进入"设置昵称"界面。输入需要设置的昵称；点击上方的"完成"按钮，如图1-26所示。返回快手号主页，如果昵称变成了刚刚输入的内容，说明设置成功了，如图1-27所示。

在设置快手号昵称时，需要特别注意如下两点。

① 账号设置对字数有限制，最多不能超过12个字。

② 可以将账号的业务范围等非常重要的信息设置为账号昵称，这样一来，用户一看就知道你是做什么的。如果对你的业务有需求，用户便会直接关注你的账号。

图 1-26 "设置昵称"界面

图 1-27 昵称设置成功

（2）抖音名字设置

抖音的名字也是在"编辑个人资料"界面进行设置，那么如何进行操作呢？具体步骤如下。

● 步骤01 登录抖音短视频 App，进入"我"界面，点击界面的"编辑资料"按钮，如图 1-28 所示。

● 步骤02 进入"编辑个人资料"界面，选择"名字"选项，如图 1-29 所示。

图 1-28 点击"编辑资料"按钮

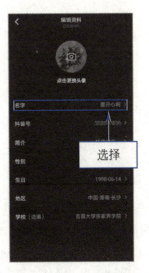

图 1-29 选择"名字"选项

> **步骤03** 进入"修改名字"界面,在"我的名字"文本框中❶输入新的名字;❷点击"保存"按钮保存,如图1-30所示。

> **步骤04** 操作完成后,返回"我"界面,可以看到此时账号名字完成了修改,如图1-31所示。

图1-30 "修改名字"界面

图1-31 完成名字的修改

在设置抖音名字时有两个基本技巧,具体如下。

① 名字不能太长,太长的话用户不容易记忆,通常为3～5个字即可;

② 最好能体现人设感,即看见名字就能联系到人设。人设是指人物设定,包括姓名、年龄、身高等人物的基本设定,以及企业、职位和成就等背景设定。

1.2.4 资料设置,全面介绍

要想运营好短视频账号,资料设置是很重要的,只有清晰地把自己的资料全部展现出来,你的账号才能更具吸引力。

(1)快手个人资料设置

除了头像、昵称的设置之外,快手号运营者还可在"编辑个人资料"界面填写性别、生日/星座、所在地和个人介绍等个人资料。这些资料填写完之后,将在快手昵称下方进行显示。

性别、生日/星座和所在地，快手运营者只需根据自身实际情况进行填写即可。而个人介绍则可以填写自身业务、产品购买、订单查询和联系方式等重点内容。具体可参考个人介绍案例，如图1-32所示。

图1-32 快手个人介绍案例

（2）抖音个人资料设置

除了名字、头像之外，抖音账号运营者还可以对学校、性别、生日和地区等账号信息进行设置。这些资料只需进入"编辑个人资料"界面便可以直接修改。

在这4类账号信息中，学校和地区相对来说要重要一些。设置学校信息，如果能与账号定位一致，会让抖音用户觉得账号运营者更加专业，从而提高账号内容对抖音用户的吸引力。而地区的设置，则能更好地吸引同城抖音用户的关注，从而提高账号运营者旗下实体店的流量。

以设置学校信息为例，抖音运营者可以点击"学校"后方的"点击设置"按钮，如图1-33所示。操作完成后，便可进入"添加学校"界面。在该界面，抖音运营者可以对学校、院系、入学时间、学历和展示范围进行设置，如图1-34所示。

图 1-33 点击"点击设置"按钮

图 1-34 "添加学校"界面

信息设置完成后,❶点击界面右上方的"保存"按钮。操作完成后,弹出学校信息修改提醒对话框,如图 1-35 所示。抖音用户如果❷点击对话框中的"提交"按钮,将自动返回"编辑个人资料"界面。如果此时学校后方出现了相关信息,就说明学校信息设置成功了,如图 1-36 所示。

图 1-35 弹出学校信息修改提醒对话框

图 1-36 学校信息修改成功

1.2.5 封面设置,吸引眼球

一个好的封面能吸引用户的眼球,更能给自己的个人主页增加附加值,如何进行快手和抖音的封面设置呢?接下来分别进行介绍。

(1)快手封面图片设置

与头像、昵称和个人资料等内容不同,快手封面图片只需点击快手主页上方的封面,便会弹出封面图片选择对话框,如图1-37所示。点击对话框中的"从相册选取"按钮,便可在选择背景中选择需要设置的封面图。

操作完成后,进入"照片预览"界面。点击界面的 ✓ 按钮,如图1-38所示。返回快手号主页界面,如果封面图片变成了刚刚选择的图片,就说明封面图片设置成功了。

图 1-37 弹出封面图片选择对话框   图 1-38 "照片预览"界面

(2)抖音封面图片设置

步骤01 进入抖音短视频App的"我"界面,点击界面上方封面所在的位置,如图1-39所示,可进入"封面展示"界面,点击界面下方的"更换"按钮,如图1-40所示。

步骤02 弹出"封面修改方式"对话框,通过"拍一张"或"从相册选择"的方式进行封面修改。以"从相册选择"为例进行说明,如图1-41所示。

图 1-39 点击封面所在的位置

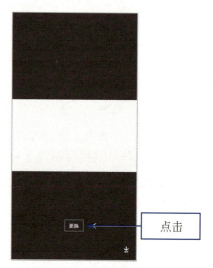
图 1-40 点击"更换"按钮

步骤03 从相册中选择需要作为封面的图片,进入"裁剪"界面,在该界面可以裁剪和预览封面展示效果。裁剪完成后,点击下方的"完成"按钮,如图 1-42 所示。

图 1-41 点击"从相册选择"按钮

图 1-42 "裁剪"界面

步骤04 操作完成后,返回"我"界面,如果封面完成了更换,就说明修改成功了。

第 2 章

了解蓝 V，提高权重

短视频账号为什么要做蓝 V 认证？因为现在互联网越来越便捷，短视频行业发展飞快，竞争者数量与日俱增，而在短视频平台认证蓝 V，可以使账号的发展速度更快，加大账号宣传力度。

这一章主要是让读者了解蓝 V 的重要性，意识到蓝 V 对企业号的作用。

2.1 4个特权,尽显价值

有很多读者不太清楚为什么要认证企业号,开通企业号后可以获得4个方面的特权,企业号比一般的个人号更有价值。

2.1.1 独特外显,风格新颖

4个方面详细讲述抖音企业号的外显特权,具体内容如下。

① 在抖音平台,企业号会显示蓝V标识,这可以让用户了解这个账号是认证过的企业号。例如,图2-1所示为华为手机技巧的抖音主页界面,可以看到在"华为手机技巧"这个名字的下方显示了一个 图标。

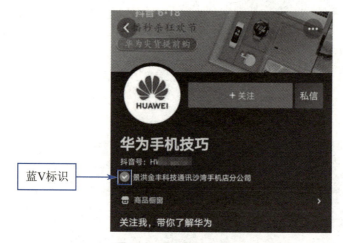

图 2-1 显示蓝 V 标识

② 企业号认证后,搜索的昵称会置顶,账号的流量导入更加直接。也就是说,用户在搜索企业名字时,会出现很多相同昵称的账号,认证的账号是排在前面的。比如,在抖音搜索"服饰"一词,可以看到认证过的企业号排在个人抖音号前面。如图2-2所示。

③ 你的名字是独一无二的。为了保护企业号的权益,别的账号昵称是不可能和进行了企业认证的抖音账号昵称相同的。

④ 认证企业号后,你的账号可以选择3个或3个以上的优质视频置顶,"加多宝凉茶"的抖音主页界面便设置了3个置顶视频,如图2-3所示。

第2章
了解蓝V，提高权重

图 2-2 搜索置顶

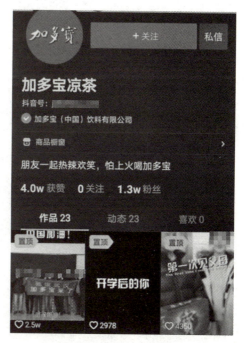

图 2-3 设置 3 个置顶视频

选择什么样的视频置顶呢？你可以选择能够添加商品链接的视频进行置顶。比如说，置顶的这个视频可以引导用户联系你，这样会为你的账号做一个很好的引流。

2.1.2 营销转化，宣传迅速

5个方面告诉读者如何进行营销转化，具体内容如下。

① 认证后的企业号拥有外链按钮设置权，可支持跳转至其他平台，如商家的主页、官网等。比如，在OPPO的抖音号主页就设置了"官方网站"按钮，用户只需要点击外链按钮，便可跳转至对应的商家主页，如图2-4所示。

② 认证后的企业号拥有直接呼出电话的特权。在简介中会显示电话号码，只需点击相对应的按钮，就可以给企业打电话。比如，图2-5这个企业号在主页界面就设置了"联系方式"按钮，用户只需点击该按钮，便会自动跳转到手机拨号界面。

③ 认证后的企业号主页独有商家TAB|（标签），可以综合将企业号的信息展示出来。

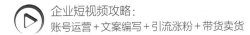

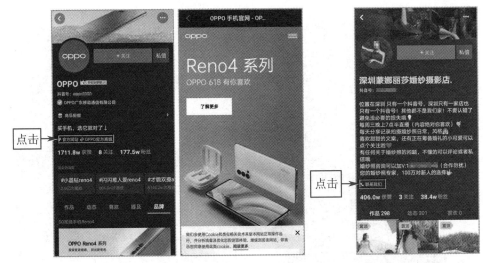

图 2-4 外链跳转　　　　图 2-5 电话呼出

④ 认证后的企业号拥有单独的商品页，可以更好地展示出商品详情。个人号的主页一般只会出现"作品""动态"和"喜欢"这3个分页，而企业号在"作品"左侧能够添加"商品"页。图 2-6 所示为湖北良品铺子食品工业有限公司企业号的主页，可以看到其拥有单独的商品页，商品页中详细展示了各种商品类型。

图 2-6 单独的商家页展示

⑤ 认证后的企业号可以借助 DOU+ 功能进行账号推广。当然，不是只有企业号才可使用，个人号也可以使用 DOU+ 功能。

2.1.3 客户管理，时时追踪

认证后的企业号还拥有客户管理的特权。客户管理一般指的是客户关系管理。它的最终目的就是吸引新客户、保留老客户，以及将已有客户转为忠实客户，从而增加市场。企业号在客户管理方面有以下5个特权。

① 企业号可以自建crm.功能。这是一般个人号不具备的。企业号通过这个功能，可以实现线索转化持续跟踪，用户管理也变得省时省力。

② 用户私信可以自动回复。抖音用户跟你私信时，你可以设置很多自动回复内容，如展示联系方式、自身服务范围和设置相关问题的回复等。这种特权不仅可以有效避免错过客户，还可以节省很多时间。

③ 评论管理优化。如果你的某个视频全是好评，你可以选择置顶，这样可以第一时间让新用户看到，从而增加你在抖音用户心中的印象分。

④ 自定义菜单。自定义菜单是聚合自定义菜单，这个特权可以满足用户差异化的需求。

⑤ 消息管理。你可以根据用户提供的消息，给用户设置标签，然后实现精准营销。比如有的是进行意向咨询的，有的是想购买商品的，还有的是同行来打探消息的，你都可以选择标注。其实，它就是一个后台的客户数据管理，不仅可以跟踪客户对你的访问，还可以持续地进行客户管理。

2.1.4 数据沉淀，全面了解

什么是数据沉淀？它是数据库知识发现中的一个步骤。企业号数据沉淀的特权主要有以下5个方面。

① 主页数据。如果有人访问了你的抖音主页，你就可以根据这些人的年龄、性别等数据进行详细分析。

② 视频数据。可以了解一条内容视频互动的相关数据，如评论多少、点赞多少、转发多少，这些数据可以在你进行视频内容优化时，提供一个明确的参照方向。

③ 运营数据。你可以在后台看到粉丝增长的曲线、点赞增长的曲线，还有关注下降、有人取关等数据，这样可以更清楚运营的方向。

④ 竞品数据。可以看到跟你同类的行业，他们的整个抖音运营状况，随时掌握行业趋势，这一点对账号的持续运营非常重要。

⑤ 粉丝数据。粉丝数据可以让你洞察目标用户的需求，从而轻松地提高营销转化率。

2.2 遵守规则，把握方向

我相信很多玩抖音的读者不太了解抖音的规则，很多人一上来就发布视频，根本没有意识到养号的重要性，导致视频的播放量极低，造成自己的账号权重较低。在抖音平台如何养号，才能打造出一个权重很高的账号呢？

2.2.1 全面了解，抖音养号

要想运营抖音账号，首先必须养号，通过一系列的刻意操作提升账号的初始权重。

账号的权重越高，在抖音平台的位置就越高，抖音官方会给你的视频更多的推荐量，而推荐量的提高意味着有更多的用户能看到你的视频，你的账号也就得到了进一步的推广，所以说，养号在账号运营中是必不可少的一个重要环节。

抖音官方是怎么判断账号的权重的？简单来说，抖音平台根据账号平时的点赞量、完播率、评论、转发、关注等数据来判定账号的权重。

很多抖音运营者没有养号的意识，他认为自己只是发一个视频，为什么要搞得这么复杂。其实，读者们可以换一个思路，现在很多短视频运营者都在抖音平台营销自己，想在平台上获利，如果是抖音早期，随便拍些视频都可能火，抖音官方也不会给你的账号限流，在那个时候，很多人只拍了一个作品就能轻松涨粉十几万。

可如今没有那么简单了，现在抖音平台每天都有数十万个作品更新，你的视频没有那么容易被发现，要想成功爆火，真的很有难度。

虽然说抖音平台每天会发布数十万的作品，但这里面不乏很多垃圾作品。抖音是如何区分垃圾账号的呢？就是看你平时玩抖音的行为轨迹，也就是之前说的养号。

养号最终的目的就是告诉抖音平台，你是一个优秀的账号运营者，你不会利用账号胡乱发布一些作品，如果你获取了平台的信任，平台就会给你更多的流量。

2.2.2 阶段养号，实现价值

上一节讲了什么是养号、如何养号，大家对养号应该也有了一个初步的认知。接下来告诉大家在哪几个阶段需要养号，以下4种方式让你有意识地进行养号。

（1）刚注册的抖音号

这一阶段很好理解，刚入驻抖音，必然先要熟悉平台的规则，你可以通过一系列正规操作，让抖音知道你是一个正面形象的人。

（2）注册很久的老抖音号

有很多人一开始没意识到抖音蕴含着巨大的机会，只以为是供自己娱乐的工具，玩了一段时间觉得没意思，就卸载了。后来听说在抖音平台能赚钱，就又重新下载回来，想从中挖掘出一定的价值。

但是若你刚下载回来就发作品，是不恰当的做法。就好像平时你不联系某个朋友，突然间联系对方，对方会觉得你有目的。同样，抖音也害怕你目的性太强了，有可能会破坏它原本的生态规则。那么，你是不是要花点时间给抖音一个重新认识你的机会呢？

（3）收到官方警告和降权的抖音号

很多用户在玩抖音时，不管平台的要求，上来就打广告，结果收到抖音的文字警告或者被限流了。限流，就是平台限制了你的账号，你只能自己跟自己玩。这就好比你犯了错误，受到批评，如果不改正，那账号就会被抖音官方平台继续降权。

（4）推荐、播放量经常在300以下的抖音号

发的视频推荐播放量基本都在300以下、没有平台警告的低权重抖音号，这是多数抖音号的现状，随意拍一些作品，自己感觉良好，其实在抖音看来，这样的作品根本没有推荐价值，于是给这些抖音号贴上较差的标签，这样的抖音号推荐量和播放量很难更上一层楼。

2.3 快速养号，提升权重

养号的重要性我们已经明白了，接下来就告诉大家如何快速养号，提升账号的权重，具体可以分3步进行。

2.3.1　1人1机，固定网络

随着抖音平台的火爆，很多抖音用户都看到了抖音蕴含的巨大商机。所以，在抖音平台，会有很多人与你竞争。为了快速获利，有的人甚至会利用一些不正当的方式去批量做号，比如利用营销工具和网络模拟器等。

这样的行为，抖音是绝对禁止的。抖音会通过精确技术手段，检测这些频繁切换网络以及经常用不同手机登入的抖音号，如果被检测到，会被抖音监控，严重者会被限流或者封号。

为了避免被误判成营销号，建议大家要保证1机1卡1号，也就是说利用一部手机和一张电话卡登入一个抖音号，在使用抖音的过程中尽可能全程使用手机自带的网络，这样你的抖音权重才能逐步提高。

2.3.2　个人信息，真实完善

个人主页的信息填写不容忽视，头像、性别、签名、学校等个人信息都要认真对待。同时，一定要按真实情况填写，如果不填，还发了大量短视频，抖音会因为个人信息不完整，而减少推荐量。

另外，粉丝数量还没破万之前，建议大家不要留个人联系方式。如果有今日头条的账号，一定要记得绑定，因为今日头条的粉丝是可以同步到抖音的，还能增加账号的权重。最后，必须进行实名验证，填写好运营账号的地址，抖音会根据你的真实信息进行查重。

2.3.3　保持活跃，增生价值

抖音喜欢活跃在平台的原创视频创作者，如果你注册的账号时间较久，使用习惯符合抖音的规则和要求，你在抖音的权重就会提高。如果你是刚注册的抖音号，建议前3～5天要进行以下操作。

① 每天至少花半小时刷热门视频。你刷视频时，必须要保证视频的完播率。

② 看到喜欢的直播可以点进去观看，时间久一点，没事的时候，翻一翻抖音的热搜榜单等。

③ 在抖音搜索框内搜索感兴趣的账号，然后点击关注。同时，你还可以浏览他们的视频，了解一下他们是如何运营的，这样的方式方便抖音给你贴上标签，且能够保证下次你发作品的时候，准确推送。

2.4 吸金账号，如何打造

打造吸金账号是比较困难的，这需要运营者多思考、多创新、多挖掘，笔者结合自身经验给大家5点建议。

2.4.1 看清时态，借势发力

抖音的宣传语是记录美好生活，它是深受年轻人喜爱的音乐短视频社区。近几年，抖音短视频平台通过形形色色的市场活动构建自己的内容和营销生态。在2019年，抖音更是将产品衍进和内容生态建设纳入战略，努力为平台用户打造更为开放、共享的短视频平台。

大家可从抖音的实际举措、抖音爆款类型、抖音内容底线来分析抖音平台的生态构建。我们先来看一下抖音的3大实际举措。

① 抖音官方平台为推动年轻、流行、美好、正能量等元素的IP属性发展，2020年推出了"1111抖音宠粉节"。还发布了很多有价值的活动，目的是助力更多优质IP的诞生。

② 抖音官方一直很重视音乐的发展，几年时间内推出很多音乐项目，如"看见音乐计划""麦田音乐节"等，这为热爱音乐的音乐人提供了新的机会和资源。

③ 2019年，抖音官方平台为了满足不同圈层用户对深度内容的需求，推出了多元用户的圈层计划，一时间火爆全网。

从这3个举措可以看出，抖音为平台的发展做出了非常大的努力。下面来了解一下抖音热门爆款作品的类型。

经过详细的数据整理，笔者发现比较热门的视频都是在记录和分享自己的美好生活。但这并不意味着我们只能往这一个方向发展，其实还有很多类型的内容值得我们去深度挖掘和创作。

目前，抖音的爆款内容主要集中在音乐、舞蹈、记录生活日常等品类。抖音平台希望旅行、美食、时尚、体育、游戏、萌娃、萌宠这7类能够出现更多有创意的内容和爆款。

爆款类型我们已经了解了，那么，运营者要想在抖音平台发布视频内容，需要注意什么？抖音平台的底线又在哪里？2019年4月1日至4月30日，抖音平台累计清理了46084条视频、45836个音频、334个挑战，永久封禁了42105个账号。

本次受处罚的账号内容主要是涉及诈骗,除此之外抖音之前也以色情低俗、侮辱谩骂、垃圾广告、造谣传谣、侵犯版权、内容引起不适、涉嫌违反法律法规、侵犯未成年人权益等理由,封禁了24191个账号,抖音一直希望的是营造一个健康的网络环境。所以,运营者们要想在抖音平台很好地进行运营,就需要避开以上有关内容。

2.4.2 本能需求,强烈关注

通过抖音爆款作品大致可以看出抖音用户的偏好。面对抖音这款现象级产品,许多运营者都很佩服抖音对人性的设计和引导。如弱化时间的界面设置、轻轻滑动就能切换视频、旋律简单的耳虫音乐、无法预知的刺激内容等。

短视频运营者想要做出优秀的、引人关注的内容,必须要借鉴人性的本能需求。用户有什么样的本能需求呢?笔者总结出如下5点内容。

(1)消遣解压

快节奏的现代生活让人们不堪重负,尤其对有强大压力的年轻人来说,抖音发挥了一个泛娱乐平台的作用。想要在抖音平台得到发展,视频作品就要有娱乐性、幽默性。

图2-7所示的两个短视频中,两只兔子在用幽默的语言对话,笔者在观看时,成功被它们逗乐,这样的视频收获了大量的关注与点赞。

图2-7 能把人逗乐的短视频案例

(2)视觉上的奖赏

大家都喜欢颜值较高的事物,所以,拍摄视频时,出境的人物、道具、拍摄的环境,都尽可能做到精致、好看,因为大部分人看到这类视频时,会习惯性看完。

图2-8所示为两则摄影风景照视频,可以看到,两则短视频的画面都非常好看,美丽的风景通过视频形式展现出来,一下就吸引了笔者的眼球,这样的视频获得数十万的点赞是有原因的。

图 2-8 高颜值风景的短视频案例

(3)情感和心理上的共鸣

人都是有情感的,建议运营者对生活尽可能多一些体验和观察,这样可以借助普遍的生活事件素材与用户取得心理上的共情和共鸣。比如,人人都会经历的人生主题:学习、工作、情感、财富、健康等。

一般来说,用户在观看视频时,背后推动他的是情感。运营者要想让自己的视频得到更多的关注和点赞,就要抓住用户的情感需求。但不同的人有不同的情感需求,因此,运营者需要从多个角度去戳中用户的痛点。比如,用户在生活中会逃避哪些情绪,又或是他们想要什么情绪,这都是值得思考的问题。

抖音大V"情感故事馆"就是以情感类短视频走红的,该账号每天都会发布不一样的情感文案,之所以能获得很多人的关注与喜爱,就是因为发布的短视频总能让用户产生较强的情感共鸣。

（4）实用的

现在的抖音平台，很多运营者在输出有用的知识技能，有些知识技能特别适合用短视频这种媒介进行呈现。比如，各种各样的实用技巧、资源整合、必备清单、旅游饮食攻略等，这些实用性的视频更能引发人们点赞、关注、转发。

图2-9所示的短视频主要是向用户分享办公软件Excel的使用技巧。办公软件的使用已经融入了我们日常的工作、学习，学习Excel的制作技巧非常重要。

所以许多用户在看到这类短视频后，觉得分享的技巧很实用，每天都能学到新东西，于是纷纷点赞和关注。

图2-9 分享Excel表格制作技巧的短视频

（5）有社交价值的

一个短视频要具有一定的社交价值，有6个可以参考的维度，分别是归属感、交流讨论、实用价值、拥护性、信息知识、身份识别。

图2-10所示的短视频中，由于广东省高中生体质呈下降趋势，在2020年广东省两会期间，有政协委员提出将体育纳入高考必考的科目，引发激烈讨论，抖音用户也在评论区发表自己的见解。

图 2-10 引来大量交流点赞的短视频

以上5点，笔者认为很详细地介绍了人性的需求。运营抖音号，不仅要从目标用户出发，还要考虑自身的因素。下面这一节，就来教大家发现自身的优势。

2.4.3 塑造看点，挖掘优势

大家在刷短视频时，应该发现了一个现象，很多普通人有机会借助一个视频走红抖音。在抖音这个以表演为优势的平台上，如何挖掘自身的价值呢？大家可以问自己以下几个问题。

在某一个行业是否有突出的贡献？

是否有很多别人意想不到的才艺？比如演讲、朗诵、辩论、摄影、音乐等。

是否有身高和颜值上的优势？

是否有别人做不到的神技能？

如果这些都没有，建议大家再问自己几个问题。

自己做好定位，就会有一个标签，如何展现出与别人的不同？或者说树立的标签是独一无二的？

2.4.4 商业投放，看清形势

我们已经从3种不同的思路，对打造吸金账号进行了详细的解读。接下来为大家讲述第4种思路——从商业变现角度出发。目前商家在抖音平台投放广告有两种选择。

第一种是通过抖音星图平台。抖音星图平台是链接广告主与达人的桥梁。星图平台对抖音达人的保障非常到位，对于个人，广告报价是多少、合作成功后个人就能拿多少，其中产生的个人所得税是由抖音承担的。

第二种是与抖音达人直接联络进行视频内容合作。就是直接与抖音红人对接的合作方式，缺少了官方的支持，作品有被删的风险。尽管抖音达人广告对接资源社群很多，不过商家对达人的选择非常慎重，他们可能考虑以下几个因素。

（1）抖音账号的辐射人群数量大小

抖音账号的辐射数量大小其实就是你的抖音号粉丝数量的多少。当然，笔者在这里不是说粉丝越多转化就越好，因为也有的账号虽然不到一万粉丝，但是单条视频转化数额达到几十万甚至几百万元。笔者认为粉丝数量只是商家预估广告投放效果的一个基本参照值，视频的互动比、获赞数同样重要。

（2）抖音账号的定位是否垂直精准

发布的视频内容越统一垂直，粉丝黏性就越高，越容易赢得商业上的成功。目前，抖音上有公益、艺术、时尚、动漫等60多个不同的垂直品类，每个垂直品类都在进行生态扩展。

笔者通过行业数据整理，发现抖音全平台最热门的3个投放行业分别是：游戏、文化娱乐、护肤美容。以美妆为例，抖音上拥有百万粉丝以上的美妆垂直类达人超过100个，达人生态的繁荣让抖音上的美妆内容跳脱出早期的"反差卸妆"，出现更专业更垂直的内容产品。

基本上做这种美妆内容的账号，只要有10万以上的粉丝就会有商家自动上门，粉丝维度也可以供商家自主选择，比如性别、年龄、兴趣、关键词、城市地区、作息时间、天气、职业、运营商、手机品牌等。

笔者认为，不能以热门广告投放行业来决定做什么样的账号，刚才所提到的数据只是给大家一个参考的思路。市场因素是不断变化的，每一天都会出现不同的内容。

2.4.5 做好形象，获得信任

打造吸金账号，除了以上4个途径之外，还有一条途径是你抖音号的名字、头像和签名。这三个内容相当于我们的外在形象,如果把它们装饰好了,不但能让用户时刻关注你,还能打造出属于自己品牌。

(1)名字

名字就是账号内容的代表。笔者在抖音平台看到很多账号的名字就是为了推销自己,也就是打广告。如果是企业账号想推销自己,还能够理解,毕竟企业抖音号的运营目的就是给自己的品牌做宣传,而且用户看到企业抖音号这么做也基本上能接受。但如果是个人账号,笔者就不建议这么操作了,因为这会让用户产生一种防备心理。

笔者在这里教大家一种常用的取名方式,你可以把自己的职业和名字相结合,图2-11所示的就是将自己的名字和从事的事业相结合取名的企业账号。

图 2-11 将自己的名字与事业结合

还可以取一个和你视频内容定位相同的名字,并且是那种容易被记住且接地气的名字,比如"麻辣德子""农村阿凯"等。

当然,还可以直接用自己真实的名字作为账号名字,这样的取名方式简单直接。如果实在纠结,建议大家多分析别人的名字,看他们是怎么起的,看得多了就知道如何起名字了。名字是我们个人抖音账号的门面,只有把门面做好,才能吸引更多人的喜爱。

(2)头像

抖音头像的设置很关键,头像如果非常精致好看,就会吸引很多粉丝。如果你运营的账号是企业号,那就直接设计一个LOGO作为头像,这样既方便用户识别,又能加快品牌传播速度。比如,MEIZU手机的抖音号头像便是将带有公司名的LOGO作为头像,如图2-12所示。

图2-12　MEIZU手机抖音号的头像

如果你的企业号是以个人为主的,建议挑一张代表个人身份信息的照片,比如,"玖寅绘画"抖音企业号选取的就是个人漫画像,看到这个头像,用户第一时间想的就是:这是不是本人,如图2-13所示。

图2-13　"玖寅绘画"的抖音头像

其实，有很多运营者不想真人出镜，笔者建议用一个与你人设相关的图片，但需要注意，照片一定要清晰、不低俗。

（3）签名

笔者不建议大家在签名里营销自己，你的签名一定要符合你的人设，还要突出特色。笔者有一种非常好用的签名方式，就是用三个不同的标签串成一句话。以某账号为例，从角色、爱好、性格这3个方向出发，连接起来就是"一个爱旅行的励志男青年"，如图2-14所示。

图2-14　笔者的抖音签名

相信大家已经在脑海里想象这位运营者是什么样的人了，这种签名方式是不是很好呢？

笔者在这里有一个小建议，如果你的抖音号名字、头像和签名已经设置好了，就不要轻易更改，如果你频繁更改信息，抖音官方会对你的账号进行限流。

企业短视频攻略：
账号运营+文案编写+引流涨粉+带货卖货

第 3 章

认证蓝 V，运营顺畅

短视频平台的企业号进行蓝 V 认证对账号的发展有很大的优势，认证后必须要考虑怎样更好地运营账号，在运营的过程中企业号需要规避哪些问题。

本章主要讲述如何认证蓝 V 账号、怎么样去运营企业账号和企业账号运营注意事项。

3.1 注册账号，做好认证

如今，品牌营销"台风"——"抖音美好"已经在全网登陆，涉及吃、穿、住、行等，强势覆盖用户生活的方方面面。"抖音+各大品牌"的跨界合作，势必在短视频营销领域掀起浪潮。

抖音推出了"企业认证"功能，无疑为平台的生态赋予了更强大的能量。具体来说，抖音"企业认证"是抖音针对企业诉求提供的"内容+营销"平台，为企业提供免费的内容分发和商业营销服务。

现如今，抖音上的企业号很少有头像不带"V"字样的了。通过认证的企业号，可以在彰显企业身份、获得权威信用背书的同时，打入上亿用户的心智，种下潜在"N次传播"的种子，赢得短视频营销的未来。

3.1.1 企业账号，核心价值

抖音企业号可以帮助企业紧跟用户，借助平台设计的承接企业营销价值的多种功能，实现价值闭环。再加上抖音短视频平台具有信息密度高的特点，无论用户在抖音平台的历程长短，企业均可通过企业号实现价值落地，满足自身的营销诉求。具体来说，抖音企业号的价值落地体现在如下4个方面。

（1）品牌价值

通过认证企业号，可以保证品牌账号的唯一性、官方性和权威性。通过认证之后，企业可以将抖音企业号作为固定的抖音运营阵地，发挥品牌优势，再通过抖音的传播，获得更大的影响力。另外，认证通过的抖音企业号的主页定制功能，也能让宣传推广获得更好的效果，从而充分发挥品牌价值。

（2）用户价值

对于企业来说，每一个抖音企业号的关注者都是目标用户。如果能够挖掘关注者的价值，便可充分发挥粉丝的影响力，实现用户对品牌的反哺。而抖音企业号可以通过粉丝互动管理、粉丝用户画像，让内容触达用户，从而为用户营销提供全链路的工具，更好地实现用户价值。

（3）内容价值

抖音企业号拥有更丰富的内容互动形式、更强的内容扩展性，因此，能够更好地符合用户的碎片化、场景化需求，让更多用户沉淀下来，并在与企业的互动过程中，充分发挥价值，为品牌目标的实现助力。具体来说，企业可以借助日常活动、节点营销和线下活动，更好地实现抖音企业号的内容价值。

（4）转化价值

抖音企业号可以通过多种途径实现从种草到转化的闭环，最大限度地发挥营销路径的优势。利用抖音企业号的视频入口、主页入口和互动入口，企业可以让抖音用户边看边买，实现企业的转化价值。

3.1.2 账号注册，信息设置

抖音企业号的注册和个人抖音号的注册相同，用户之所以可以区分个人号和企业号，主要是依靠两者名称的差异。因此，昵称的设置对于抖音企业号来说非常关键。

抖音名字不允许重名，而且企业认证采取先到先得的原则，这就意味着你喜欢的企业号名称很可能被其他企业号抢占。一个信息描述准确、有代表性的企业号名称，能够为企业大大降低认知成本。

在为企业号起名字时，需要注意如下几个问题。

① 名称应为公司、品牌、产品的全称或者无歧义简称，但要谨慎使用简称，如"小米"应为"小米公司"；"keep"应为"keep健身"，尤其是易混淆类词汇，必须添加后缀（如公司、账号、小助手、官方等）。具体业务部门或分公司不得使用简称，如"美的电饭锅"不得申请"美的"。

② 不得以个人化昵称认证企业账号，如××公司董事长、××公司CEO、××小编等，或系统默认的昵称，或无意义昵称，如"手机用户123""abcd""23333"。涉及名人引用但无相关授权的无法通过审核。

③ 如体现特定内容，需结合认证信息及其他扩展资料判定。涉及应用类，提供软著（软件著作权的简称）；涉及网站，提供ICP（网站经营许可证）截图；涉及品牌及商标，提供商标注册证。

④ 名字宽泛的不予通过。拟人化宽泛，如"小神童"；范围宽泛，如"学英语"；地域性宽泛，如"日本旅游"。这些都不可通过。用户品牌名/产品名/商标名涉及常识性词语时，如"海洋之心"，必须添加后缀，如××App、××网站、××软件、××官方账号等，否则无法通过审核；

⑤ 名字中不得包含"最""第一"等广告法禁止使用的词语。

3.1.3 账号认证，材料准备

一般来说，要让品牌营销不输在起跑线上，需要一个好的投放平台。然而放眼望去，微信公众号点击率再创新低，与微信大KOL（Key Opinion Leader，关键意见领袖）居高不下的投放价格形成了鲜明对比，而微博这个以话题性和互动性著称的媒体平台，现如今"沦为"明星们闹八卦绯闻的传声筒和刷粉丝业务的"温床"。所以，当越来越多的企业将目光投向抖音平台的时候，我们也就见怪不怪了。

抖音现在不仅是普罗大众分享美好生活的舞台，也成了企业领导人们品尝营销红利的"乐土"。开通企业账号后，将获得官方认证标识，使用官方身份，通过视频、图片等多种形态完成内容营销闭环。图3-1所示为"vivo"抖音号的企业认证标识。

图 3-1 "vivo"抖音号的企业认证标识

从2018年6月1日起，企业认证平台打通，包括今日头条App、抖音短视频App、火山小视频三大App，即一次认证，享受三大平台的认证标识和专属权益。6月1日前已通过今日头条App、抖音短视频App认证的企业主，可通过账号关联的方式将认证信息同步至另一平台。

同时，从6月1日起，申请企业认证的审核费上调至600元/次。企业认证在给企业提供服务的同时，也会进一步规范平台运营，并不断增强企业账号的公信力和信用度。为此，抖音引入了第三方专业审核机构，审核账号主体资质的真实性、合法性、有效性。

由于企业账号在不同平台的账号信息、认证信息存在不相符的情况，审核机构需要审核的资质内容也因平台数量增加而增加，因而需要进行认证费用的调整。此次服务的升级，使各企业在多平台最大限度地释放企业服务，多平台树立品牌形象。企业认证需要准备材料，如图3-2所示。

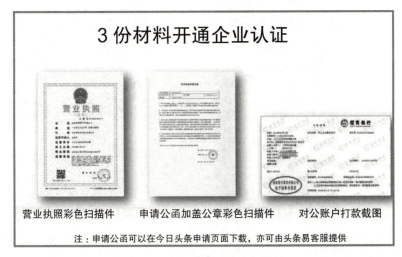

图 3-2 企业认证需要准备材料

哪些企业不可以进行企业号认证？具体如下。

① 营业执照的经营范围不包括财经、法律等类别，用户申请相关分类的企业账号将不予通过。

② 公司资质、账号信息（名字、头像、简介）涉及医疗健康类、博彩类、互联网金融类、微商，不予通过。

③ 公司资质、账号信息（名字、头像、简介）涉及信托、私募、枪支弹药、管制刀具、增高产品、两性产品，不予通过。

④ 营业执照的经营范围涉及以下内容的不予通过：偏方、艾灸、艾方、临床检验、基因检测、血液检查、生殖健康（胶囊、用剂，如私处紧致用品）、整容整形（半永久、脱毛、文身、疤痕修复、烧伤修复）。

3.1.4 账号认证，具体步骤

企业注册抖音号之后，可以选择通过企业认证将普通的抖音号变成企业抖音号。企业抖音号认证的具体步骤如下。

步骤01 登录抖音短视频App，进入"我"界面，❶点击界面中的 按钮；在弹出的菜单栏中❷选择"企业服务中心"选项，如图3-3所示。

企业短视频攻略：
账号运营+文案编写+引流涨粉+带货卖货

● 步骤02　进入企业服务中心界面，点击界面中的"官方认证"按钮，如图3-4所示。

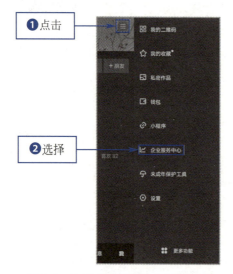

图3-3　选择"企业服务中心"选项　　　图3-4　点击"官方认证"按钮

● 步骤03　进入"抖音官方认证"界面，点击"企业认证"右侧的"极速审核"按钮，如图3-5所示。

● 步骤04　进入"企业认证"界面，点击界面的"开始认证"按钮，如图3-6所示。

图3-5　点击"极速审核"按钮　　　图3-6　点击"开始认证"按钮

> **步骤05** 进入填写资料界面,在该界面提交企业营业执照、认证申请公函,输入手机号码、验证码和发票接收邮箱等信息。信息提交完成后,点击下方的"提交"按钮,如图3-7所示。

正规企业都有企业营业执照,要提交这个很简单。但是,部分抖音运营者对认证申请公函可能会有一定的疑问。抖音运营者可以在"企业认证"界面❶点击"企业认证公函";在弹出的"下载模板"对话框中❷点击"下载模板"按钮,如图3-8所示。模板下载完成后,只需根据模板填写信息即可。

图3-7 企业资质审核界面

图3-8 下载企业认证公函模板

> **步骤06** 企业资质认证资料提交完成后,提交600元的审核费用,便成功提交企业认证审核申请。账号得到认证,会变成企业号,并获得相关权益。

3.2 6种玩法,企业账号

这一节为各位读者详细介绍抖音企业号的6种常见玩法,这些玩法可以帮助运营者快速积累粉丝,并提高自身的品牌知名度。

3.2.1 展示产品,吸引目光

对于一个企业来说,产品无疑是营销的核心之一。用户对于一个企业的认知,很大程度上也来自产品。针对这一点,企业抖音号的运营可以将产品作为重点的展示内容,通过产品吸引用户的目光。

需要注意的是,企业需选择合适的产品作为展示对象。一般来说,企业具有代表性的、新颖的产品比较适合作为展示对象。因为具有代表性的产品,代表的是企业的品质。图3-9所示为OPPO官方抖音号发布的一条短视频。可以看到其通过展示新品手机的功能来吸引用户的目光。这则短视频分别展示了OPPO这款新手机的多个角度,增加了用户对产品的了解,刺激了用户对该款手机的需求。

图 3-9　OPPO 官方抖音号发布的短视频

3.2.2 树立标签,风格独立

很多时候,消费者记住某个企业或品牌,是因为某些标签。比如,许多人记住王老吉这个品牌,是因为"怕上火喝王老吉"这句广告语。而这句广告语给王老吉贴上了一个降火的标签。

在抖音企业号的运营过程中,同样可以采取这种贴标签的方式,让用户更好地记住企业旗下的品牌及产品,从而达到提高品牌知名度、增加产品销量的目的。

比如,华为旗下的一款产品——"华为nova 3"手机拥有2400万像素,华为终端抖音号借助像素很强这个标签发起了一个"我才是实力自拍王"的话题活动,并邀请男明星拍摄了话题短视频,如图3-10所示。

图 3-10　华为抖音号的话题活动

这次话题活动推出之后,吸引了大量抖音用户的参与,话题相关的短视频播放量快速超过了29.7亿。通过该话题,华为不仅将"nova 3"拥有2400万像素这个标签进行了很好的传达,而且也告诉消费者这款拥有2400万像素的手机已经上市了,可以下手购买了。

3.2.3　发布热点,紧跟潮流

相比于其他内容,热点内容无疑会更加吸引目标用户的目光。如果在抖音企业号的运营过程中,结合当下热点推出相关的抖音短视频,能快速获得大量用户的关注。

比如,随着某男演员主演的电视剧热播,该演员凭借高颜值和精湛的演技,成为许多人心中的偶像。于是,网络上开始频繁出现该演员的一些视频,并快速在各大新媒体平台刷屏。

这种情况下,这位男明星无疑就成了一个热点。OPPO手机借助该热点,邀请他作为品牌的时尚大使,推出了新产品,并为他拍摄了专门的短视频。

其实,大多数带有广告性质的抖音短视频,关注的人通常都不会很多。但是，这则短视频却获得了近37万点赞和4000条回复，由此，不难看出该明星的流量之大，以及OPPO手机玩热点所取得的效果了。

3.2.4 邀请达人，扩大宣传

如果抖音企业号刚申请不久，粉丝数量比较少，或者企业的知名度比较低，那么，很可能发布了抖音短视频，也不会有太多用户关注。这样一来，很难获得比较好的营销效果。

其实，抖音企业号自身流量不足的问题可以通过邀请网红达人宣传来有效解决。这与请明星做代言是一个道理，无论是网红达人，还是明星，共同点在于都拥有一定的粉丝量和影响力。

当然，抖音平台的网红达人与一般的明星可能会有一些不同，这主要体现在网红达人有着超高的拍摄技术，他们拍摄的短视频通常质量比较高，对用户会更具吸引力。他们大多拥有大量忠实粉丝，只要发布了新短视频，粉丝就会很快进行查看。

2020年5月，瑞表企业推出了一个叫作"感不同敢不同"的话题活动，邀请著名旅行达人"房琪kiki"和著名造型顾问"阿力酷"等网红达人拍摄了相关的短视频，对自家品牌表做了不错的宣传，如图3-11所示。

图 3-11 瑞表企业邀请网红达人拍摄的短视频

这两位网红达人的短视频发布之后,凭借自身在抖音平台积累的粉丝量,迅速获得了数万点赞,让瑞表企业推出的"感不同敢不同"话题很快成了热门。

3.2.5 推出特效,科技体验

随着抖音的发展和用户的不断增多,许多抖音运营者会发现一个问题,那就是越来越难拍出既具有特色,又能吸引用户参与的短视频。其实,这个问题很容易解决。

抖音企业号可以推出话题活动,并给话题活动配备专属的特效,通过特效增强短视频内容特色的同时,增加用户利用特效拍摄短视频的意愿。

当然,抖音企业号在推出专属特效时,要有所思考。一个合格的专属特效应满足两点。一是与企业、品牌或者产品有较强的关联性,让用户一看到短视频,就能想到对应的企业、品牌或产品;二是具有普适性,也就是用户能利用该特效拍摄出自己的短视频,否则难以提高其参与的积极性。

比如,云南白药牙膏曾推出"fun肆享口福"的话题活动,企业还为该话题活动配备了专属的贴纸特效,该特效一经使用,屏幕中会出现"好口有福"四个字,云南白药牙膏也在特效当中。贴纸特效的推出,吸引了很多人拍摄视频,达到了很好的宣传效果,如图3-12所示,这仿佛是在告诉抖音用户,使用该牙膏之后,会给你带来福气。

图3-12 云南白药牙膏的特效

该特效非常有趣和炫酷，再加上话题活动有一定的奖励，用户会更愿意参与。这不仅有效地宣传了云南白药牙膏的特点，也通过话题活动提高了品牌的知名度。

3.2.6 制作音乐，调动情绪

相比于文字内容，具有律动的音乐往往更能调动人的情绪。文字能表达的内容具有一定的局限性，部分抖音用户（如外国用户）单看文字内容可能并不能完全领会短视频要表达的意思，但音乐是国际共通的语言，即便抖音用户对文字不甚理解，也能通过音乐大致理解短视频制作者要表达的情绪。

基于这一点，抖音企业号可以通过音乐来进行品牌营销。一般来说，在抖音短视频平台玩音乐大致有两种方式，一是制作企业、品牌或产品的专属音乐；二是通过音乐征集活动来达到营销的目的。

比如，王老吉就曾通过"越热越爱去创作"话题活动，推出抖音看见音乐计划，征集相关音乐，如图3-13所示。

图3-13 王老吉"越热越爱去创作"话题活动

该互动看似只要进行音乐创作，实则在短视频文案中还需要@"王老吉"，并且要想获奖，还需尽可能地露出"王老吉"的品牌信息。该活动推出之后，快速吸引了大量音乐人的参与，许多与该话题活动相关的音乐也陆续出现。例如，图3-14所示的两则短视频中，音乐创作人都创作了与话题活动相关的音乐。

图 3-14 音乐创作人创作与话题活动相关的音乐

3.3 4种技巧，高效运营

个人号和企业号的运营方式有很大不同，如何高效运营企业号？笔者结合自身的运营经历，给大家提供4种技巧。

3.3.1 账号后台，功能实操

要想运营好账号，首先要设置好后台，接下来就对需要用到的后台操作进行详细分析。

当抖音企业号注册完成之后，在电脑端进入后台。首先要进入管理中心，管理中心有一个消息管理功能，可以管理用户私信。管理中心还有一个用户管

理功能，在这里可以管理你的用户，如图3-15所示。

图3-15 企业号后台功能实操

消息管理有快捷回复、自动回复和自定义私信菜单3个板块。快捷回复就是你可以提前录好要回复的内容，如果用户问的问题恰好是你设置的这个答案，那么你就直接选择这个答案进行回复，避免重复打字。自动回复就是给你发信息后，你的账号会自动回复用户的评论，这样既省时又省力。自定义私信菜单，就是根据自己的需要对私信进行查看与回复，而且它具有很强的私密性。

接下来再说内容管理。内容管理这一板块可以设置视频服务页、主标题和副标题，如图3-16所示。如果线上有自己的店铺，就可以在视频"服务页"添加产品链接，这一功能可以很好地帮助你进行产品营销。

图3-16 内容管理添加组件

比如，我们在刷抖音时，经常能看到许多视频上面有个黄色的小推车，这个小推车就是服务页。如果用户想要购买视频里的同款商品，就可以通过服务页实现交易。

服务页可以出现在两个地方，一是视频标题上方，二是视频评论区的置顶处，如图3-17所示。

图 3-17　服务页显示的地方

我们在服务页的设置过程中需要注意的是，申请服务页会有一定的审核标准，不能包含黄反暴力、宗教迷信等内容。

接下来看门店管理部分。如果有自己的店铺，可以点击"门面关系管理"中的"添加+"，添加所在城市、区，然后选择门店，如图3-18所示。还可以对门店的名称和信息进行编辑，通过视频的形式展示门店的形象。

图 3-18　门店管理设置

门店管理下有个转化功能页。在转化功能页里面可以看到预约服务设置，可设置服务类型、产品名称、产品图片、服务类型（是线上的还是线下的？）和地址位置、服务价格，如图3-19所示。

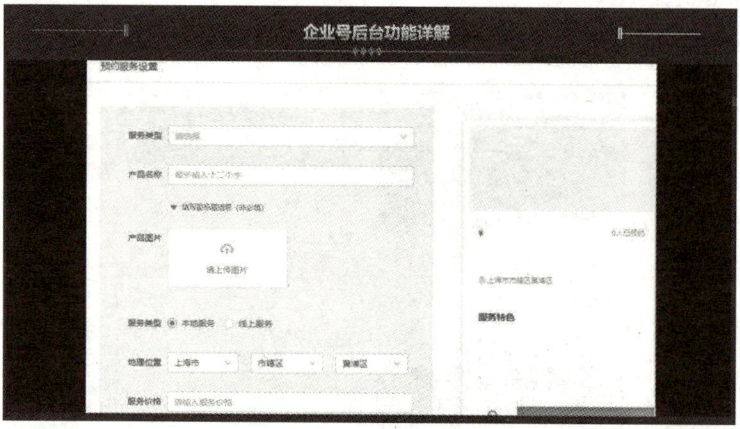

图 3-19 产品转化功能页设置

转化功能页设置完成后，可以继续设置卡券中心。卡券的设置可以起到引流的作用。玩转卡券需要4个步骤，如图3-20所示。

图 3-20 卡券中心设置

在该页面可以选择创建代金券、兑换券，还有通用券。如果想要为自己的店铺创建一个活动代金券，就可以在这里设置。用户使用后，后台会自动核销卡券。同时，还可以看到代金券的使用数量，因为后台会实时跟踪信息。

其实，这与淘宝发放的优惠券相同，都是为了营销引流。建议各位运营者利用卡券这一功能，把抖音的用户引到你的线上和线下店铺去，这样可以更高效地销售产品。

卡券设置完成后，运营者还可以设置个人主页。个人主页的设置主要包括两种，一是转化组件设置，二是商家页面设置。

先介绍转化组件设置。在该页面可以对主页上的链接名称、链接地址、联系电话进行设置。如果运营者有门店和小程序，也可以进行设置，具体如图3-21所示。

图 3-21　个人主页设置

再介绍商家页面设置。在该页面可以设置店铺活动、服务产品、在线预订店铺（POI）、特色服务和团队成员信息。

运营者进入企业号后台，就可以看到左侧菜单栏中有一个"运营学堂"板块，这个板块介绍了后台运营的具体操作。如果刚开始不知道怎么设置，建议先进入这个板块了解设置流程，之后再对企业号后台进行设置。

3.3.2　账号运营，做好内容

账号运营最为关键的就是内容运营，只有内容做好了，账号才会发展得更好。

笔者之前有个学员为了给自己的企业打广告就注册了一个企业号，因为他听说个人号进行广告营销会被平台限流，而企业号不会。其实，不被限流只是一方面，企业号和个人号是一样的，要想运营成功，内容是关键。

只有把内容做优秀了，才会吸引用户的眼球，产品才能得到用户的关注。现在的用户追求的不再是华而不实，而是具有情感联系的产品。

很多做销售的人都明白，单纯地强调产品已经没有任何价值了，因为用户在意的是自己是否需要这个产品，如果他们有购买欲望，自然就会购买。

3.3.3 企业账号，如何营销

企业账号的营销方式不同，会造成账号的活跃度不同。做好营销是企业号获得成功的关键。为了让各位读者更加清楚企业号是怎么为企业服务的，企业号运营将分成以下5个阶段进行详细讲解。

第1阶段是引流增粉。无论是做个人号还是企业号，都需要用户的支持，只有不断吸引粉丝，账号才有价值。

企业号一开始就应该想好怎么进行引流，怎么样才能让粉丝关注账号。如果企业号在运营初期就有用户关注，说明收获了精准的粉丝。怎么知道自己收获了精准粉丝呢？比如，你的企业是专门做零食销售的，可以打造企业IP，然后通过视频呈现相关内容。如果有用户刷到你的视频，并点击关注了，就说明他对你这个账号感兴趣，也就意味着你收获了精准的粉丝。

之后，你就可以往这个方向呈现内容，吸引更多用户的关注。同时也可利用"DOU+推广"功能，让后台把视频内容分发给更多同标签的人群，让他们成为你的精准粉丝。

第2阶段是利用原有的粉丝。如果账号已经有了十几万的粉丝，如何把这些粉丝导流进企业？一方面必须维护好这些老粉丝。如果老粉丝有需求，应尽自己最大的能力帮助他们，这样他们就非常信任你，也会愿意相信你打造的品牌；另一方面是企业可以设置企业微信号和微信公众号，把老粉丝导流进微信平台。

但是一定得记住，要时常和粉丝沟通互动，让粉丝了解企业具体是做什么的，然后筛选出核心用户。建议各位运营者多建账号，这样方便储存粉丝，也方便管理。

第3阶段是明确用户的定位。用户关注你，一定是他们对你的企业感兴趣。所以，要分析这些人，比如年龄段、收入状况、所在区域等，只有把这些信息全部掌握好，企业才能确定营销群体。

第4阶段是建立社群运营。明确用户定位之后，最关键的就是建立社群。运营者可以把潜在客户放在一起，通过连续性的互动让他们活跃起来，这样就能清楚每一个用户的需求是什么、他们想要得到什么。

第5阶段是进行精细化运营，增强用户的体验感和参与感。用户被成功吸引过来后，不要以为就是永久粉丝了，他们随时可以取消关注。所以引流后，一定要增强用户的参与感。

比如，直播时很难顾及所有用户的提问，有的问题被忽视了。这个时候就需要运营团队的人把这些问题记录下来，然后在后台进行自动回复。自动回复功能既能回答用户的问题，同时也让用户觉得你没有忽视他，觉得自己的参与还是有用的，自然会对企业有个良好的印象。

其实，精细化运营不仅适用于短视频平台，还可以通过朋友圈、公众号进行精细运营。比如做健身行业的，就可以经常在朋友圈或公众号发布文章或者举办一些活动，这样做可以提高用户的参与感，也能让用户更加了解企业。

精细化运营要求企业账号运营者重视与粉丝的互动，如果企业号有几十万粉丝，但是你引流的人数却只有几百个，就说明这个账号的运营是不成功的。总而言之，只有做到和粉丝不间断的交流互动，才能长期积累粉丝，账号运营起来才会更加顺畅，企业发展潜力也会随之增强。

3.3.4 账号运营，注意事项

虽然都是抖音短视频，但个人号和企业号存在很大差异，这主要是体现在目标和内容上。

● 目标的差异。数据收集做个人号更多的是以获取流量为主，核心目标是提高播放量，比较看重粉丝的数量，注重个人影响力范围。而企业号的营销目标一般有两种，一种是曝光品牌，将更多关注点放在如何提高产品曝光度上，为品牌造势，让受众对品牌产生印象，更注重刷"存在感"；另一种则以精准获客和转化为目的，比如一些电商企业，以短视频形式获取精准和忠诚的用户，进而转化为高客单价的客户。

● 内容的差异。由于目标不同，企业号和个人号在内容策划上就有了差异。比如，企业短视频会更多地思考"如何围绕品牌讲一个故事""如何将产品融入剧情"等问题。企业短视频的定位和效果达成，不仅是为了确定内容方向，更是为渠道奠定基础，内容确定之后，我们才能以此作为依据，确定内容适合的渠道。

运营企业号要注意哪些事项呢？这一节将重点对4个方面进行解读。

（1）配备专业的运营团队

个人号拍摄的短视频可能会随意一些，只要看到一些新奇的内容，便可以拍下来，上传至抖音短视频平台。而企业号作为企业的宣传窗口，发布的短视频内容代表了企业的形象。因此，企业号拍摄的内容通常需要进行前期策划。

当然，企业号的运营除了短视频内容的策划之外，还涉及具体内容的拍摄，以及对粉丝的运营等。很显然，企业号的运营是一个复杂系统的工程，如果将运营的全部工作交给某个人肯定是不行的，需要为企业号配备专门的运营团队。配备专门的运营团队需要重点做好两方面的工作，即组建运营团队和进行团队分工。

① 组建运营团队。要组建一个专门的企业号运营团队，首先需要对企业号的运营工作进行分类，了解各部分工作对人员能力的需求。然后根据运营工作对能力的具体需求去寻找合适的人选。并将人员固定下来，组成一个完整的团队。

在此过程中，需要特别注意一点，一定要按照要求选择合适的人选，不能为了省事就随便找人凑数。企业号的成败与每一个运营人员都有关系，如果运营人员的素质达不到要求，运营过程中很可能会出现各种各样的问题。

② 进行团队分工。运营团队组建完成后，要对团队进行分工，确定每个运营人员的具体工作。一般来说，企业号的运营工作可以分为以下3个部分。

● 内容策划。一个抖音短视频能否获得成功，关键在于内容的好坏。内容策划涉及方方面面，不仅包括短视频的创意，更包括各种具体内容，如出镜的人员、场景等，这些都必须在拍摄之前确定下来。

● 内容拍摄。内容拍摄主要是将前期策划的内容以短视频的方式呈现。这不仅要求根据内容策划进行拍摄，为了更具表现力，还需要对短视频拍摄的各种参数进行设置，并对拍摄完成的短视频进行后期处理。

● 账号维护。账号维护人员主要负责与粉丝的沟通，包括回复消息和评论，以及设置账号信息。通过加强与粉丝的联系，增加粉丝的黏性。部分账号维护人员还需要负责短视频的上传与信息编辑工作。

（2）把控住内容发布的节奏

企业号发布的短视频大多数带有营销属性，用户本身不太愿意关注。如果企业号的运营还三天打鱼两天晒网，那么，好不容易获得的粉丝也会慢慢流失。毕竟在用户看来，如果一个抖音账号很久都不更新内容，其价值也会大打折扣。

因此，在企业号的运营过程中一定要把握住发布节奏，适时发布新内容，让用户知道账号在运营。当然，不同内容发布的节奏有所不同，需根据内容所属的类别把握。

一般来说，热点型内容具有一定的实效性，企业号需要尽快发布。因为一旦热度过去，短视频的流量便有可能大幅减少，营销效果也将大打折扣。

连续性内容包含了多个视频，对于这一类内容，可以选择按一定的频率在相对固定的时间发布，让用户养成观看的习惯，并通过一系列短视频在用户心中打造企业、品牌和产品的鲜明形象。

具有广告导向的短视频，应配合品牌的关键营销节点进行集中投放，快速将企业、品牌和产品的相关信息传达给潜在消费者，从而在短期内助力品牌实现爆发式增长。

（3）注意策划视频的细节

企业在策划视频时需要注意哪些细节？从哪些方面着手？笔者认为，最重要的是拍摄脚本的策划，无论是剧情类、知识类，还是开箱测评类。

如果企业的视频只是简单呈现产品的功能或外观，拍出来的效果跟淘宝上常见的商品视频没有什么区别，即使画面再精美，也没有办法在短视频的大海中脱颖而出，让人记忆深刻。

因此，企业要更多地考虑怎样通过短视频提高商品的溢价，让买家对商品感兴趣，并继续关注。企业短视频需要策划，也就是我们所说的核心价值的挖掘。在挖掘核心价值时，该从以下4点着手。

- 有感染力。短视频的核心价值一定要有感染力，即价值要能够触动买家的内心，让买家产生共鸣。
- 差异化。核心价值与同类产品要有差异化，即要别具一格，要有合情合理的优点，又不走寻常路。
- 有包容力和敏感性。核心价值要具备包容力和敏感性，即要有一定的深度，要经得起推敲，让买家回味无穷。
- 提升品牌溢价能力。核心价值要提升品牌的溢价能力，让品牌在同类产品中卖出更高的价格。

（4）塑造好企业品牌的人设

人设，即人物设定。简单来说就是一个容易被人记住的标签。日常生活中比较常见的人设应该是娱乐圈明星的人设。人设实际上就是抢占认知，让受众看到某个标签就能想到你。

而品牌人设则是品牌向外界展示的一个标签。一个品牌打造的人设能够在潜在消费者心中留下深刻的印象，从而刺激消更多消费者购买品牌旗下的产品。

品牌人设的打造有两个关键点：一是要有独特性，也就是当前市场上没有的、能区别于竞争对手的标签；二是要与品牌自身的特性有一定的关系，胡乱编造的标签是没有说服力的。

正因为品牌人设的抢占认知作用，许多品牌都开始打造属于自己的人设。在众多企业中，小米绝对是品牌人设打造得比较成功的企业。一说起小米，绝大多数人的第一印象就是产品性价比高。特别是小米手机，与市面上三四千元的手机配置相同，但只卖两千元左右。

小米从一开始就打造高配低价的品牌人设，小米科技CEO的观点是：小米不靠硬件赚钱。这个品牌人设起到了很好的作用，小米受到了国内大量用户的拥护，小米拥有了大量的"米粉"。当然，对于企业来说，品牌人设建立后，还得用心维护，一旦人设"崩"了，就会产生难以想象的后果。

例如，某明星一直给人以阳光大男孩的形象，某手机品牌邀请该明星作为代言人，目的是塑造手机年轻、时尚的气质。然而，就在成为代言人之后几个月，该明星便被爆出在公共场合吸烟。新闻一出，该明星之前塑造的正面形象顷刻间崩塌，其代言的手机品牌也因此蒙受损失。

这也警示企业，做品牌人设时不仅要做好自身的形象维护，也要对代言人进行严格挑选，毕竟代言人也是品牌的重要招牌。

第 4 章

打造爆款，获得推荐

对于电商运营者来说，产品的销量直接关系到自身的收入。也就是说，如果能够将产品打造成爆品，便可获得较为可观的收入。

如何打造爆品，批量化地制造网红商品呢？这一章将从爆品制造的关键点、精准占领目标市场和借助营销引爆销量这3个方面进行解读。

4.1 爆款优势，如何展示

当今社会，市面上的产品种类繁多，但很难出一个爆品。对于抖音运营者来说，爆品的打造首先要把握好制造爆品的关键点，这里的关键点包括以下内容。

4.1.1 营销对象，足够精准

打造一款爆品，关键是找准用户进行针对性营销。作为爆品的设计者，企业要清楚地了解消费对象，要能生动形象地描述出消费者的各种特性及其喜欢的生活模式，并在此基础上进行针对性的营销。

找准目标用户有两种方法：一种是根据年龄分段；另一种是按照兴趣爱好划分，下面依次来介绍。

（1）根据年龄分段

营销与人密不可分，研究营销之前一定要先了解人。因此，打造爆品少不了对消费者心理的掌控。根据年龄来分段的要点如下。

① 消费者的划分范围为5岁。
② 与各范围内的消费者深入交流。
③ 花几分钟时间形容消费者。

提供给客户"对症下药"的商品很有必要。举个例子，同样是面膜，不同年龄段的消费者对功能的需求是不同的。20岁的消费者需要护肤补水型的面膜，40岁的消费者则需要抗衰老型的面膜。此时，我们需要做的就是根据消费者的需求进行针对性的推销。

在营销当道的时代，为了找到特定的目标消费群体，了解他们独有的消费需求，就应该学会为不同类型的消费者提供相对应的产品或服务。如果不这么做，就很难找准受众，打造爆品也就成了空谈。

可以利用这些群体年纪相仿的特性，找到其相似的地方，即"共性"。然后根据共同特征，尝试交流他们感兴趣的事物。如此一来，就能准确知道他们的想法和需求，从而打造出爆品。

（2）按照兴趣爱好划分

按照兴趣爱好划分消费人群有效打破了年龄的限制，各年龄的人都可能对同一种产品情有独钟。

例如，喜欢小米手机的可能是喜欢创新的科技爱好者；喜欢特斯拉汽车的可能是时尚达人、创业达人。不难看出，相同类型的人对品牌的喜爱是建立在共同的兴趣爱好上的，这与年龄的关系不大。需要明确的是，打造爆品需要抓住消费者的特点，找准目标消费群体，进行针对性营销。

例如，一款健康、营养价值比较高的核桃油，质量很好，价格也不是特别贵，但一直找不到营销的好办法，销售状况不佳。于是企业对消费人群进行了调查研究，制定了相关的解决方案，具体如下。

① 卖油之前先卖核桃，更符合消费者心意。
② 缩小目标范围，击中消费者的痛点。
③ 设计消费场景，打动消费者的心。

无论销售什么产品，都应该对消费者进行目标锁定，可以按照年龄阶段划分，也可以根据兴趣爱好，总之要找准目标消费群体，从而更好地进行针对性的营销。

4.1.2 满足消费者诉求

如何成为爆品？第一要素是满足消费者的诉求。做好产品营销有两点颇为重要：一是抓住部分消费者；二是满足消费者真实需求。

为了满足受众的强需求，首先要找到部分消费者的真实需求，这个寻找的过程有如下3大步骤。

步骤1：找到包含部分消费者的市场。
步骤2：亲自体验消费的过程。
步骤3：挑出产品和消费过程中的不足，并进行改进。

以某地区种植的一款有机米为例，为了将产品推销出去，销售者一开始将其定位为绿色、健康的食品，并强调此产品对人体有很多好处。该产品所指向的可食用人群跨度十分大，几乎人人皆可。不过，由于价格不太亲民，销售量不是很乐观。

虽然企业在广告投放方面花了不少钱，但销售业绩却没有得到相应的提高。这家企业的营销到底哪儿出错了呢？笔者总结了3大误区。

① 目标受众跨度太大。
② 定价不太恰当。
③ "有机"并不是强需求。

最终，为了将这款有机米推销出去，企业找到了两个解决方法：一是集中关注部分消费者，将目标定位为5岁以下的孩子；二是挖掘部分消费者强需求，将部分奶粉过敏,且肠胃功能弱的孩子作为主要消费群体。并在此基础上,特地取了贴切又生动的名字——"宝宝米"。

当今社会,企业和商家都在强调卖点的重要性,即产品的优势及特征。与卖点不同,痛点强调的是消费者的诉求和体验,主要是从消费者自身出发。

比如,小米击中了大多数消费者觉得智能手机价格太高的痛点;支付宝、微信支付解决了很多人觉得带现金出门麻烦的痛点。而打造爆品的重点就在于能够准确击中消费者的痛点。

以一款免熨衬衫为例,为了击中消费者的痛点,首先就应该找到并总结归纳所有普通衬衫的痛点,具体如下。

① 熨衬衫的次数太多很麻烦。
② 普通衬衫没有定制的尊贵感。
③ 现有的免熨衬衫价格太贵。
④ 衬衫颈部的标签易引起过敏。

其次是根据这些痛点,对这款免熨衬衫进行包装和设计,全面击中消费者的心理需求,使其成为爆款产品。

总之,痛点就是通过对人性的挖掘全面解析产品和市场;痛点潜藏在消费者身上,需要去探索和发现;痛点就是正中消费者的下怀,使他们对产品和服务产生渴望和需求。

4.1.3 及早入场,夺取先机

在打造爆品的时候,比对手先下手就意味着赢在了起跑线上。在互联网发展得如火如荼的今天,不仅要把握好打造的内容和发布的速度,还要抢占领市场先机。除此之外,抢先一步占领消费者的心智和头脑也很重要。

消费者的心智和头脑综合起来就是其对产品的看法和定位。通俗一点说,就是消费者脑海里浮现出某个名称、品种、观点、事物的时候,最先想到的是品牌和产品,比如:大自然的搬运工——农夫山泉;我的眼里只有你——娃哈哈纯净水;送礼就送——脑白金等。

为什么要抢占消费者对产品的定位?主要有两个原因:一是消费者接收的信息太多太杂,如果不能抢占对产品的定位,将难以在消费者心中留下深刻的印象;二是消费者对所需产品有品牌要求,如果不能抢占对产品的定位,那么产品将很难与其他品牌竞争。

打造爆品,需要比对手更早进场,全面且深入地占领消费者的心智和头脑,稳稳扎根于消费者之中。以某有机辣酱为例,这是一款时尚、新鲜的有机产品,其特色包括非转基因、无农药和无化肥。

我们不妨把它与传统的辣酱对比，就会发现其不足与优势，如表4-1所示。

表 4-1 某有机辣酱与传统辣酱的比较

辣酱类别	优点	缺点
传统辣酱	比较开胃、保质期长	太油腻、口味重
某有机辣酱	香而不腻、辣而少油、健康营养	冷藏储存、保质期短、开罐7日内即食

面对这样的状况，该有机辣酱为了成为爆品，努力深挖产品特质，即新鲜、有机、绿色。于是"鲜"就成了其主打特色，连该品牌的微博头像都竭力突出一个"鲜"字。

值得注意的是，比对手更早入场不能太过急躁，不能为了打造爆品而犯以下错误。

① 无限扩大目标受众的范围。
② 用广告获得消费者对产品的认可。

4.1.4 注重外观，留住顾客

美的事物是人人都会追求的，颜值高的产品往往能在第一眼就把消费者吸引住，从而变成爆品。为什么颜值高的产品容易成为爆品？理由有三。

① 初次印象举足轻重。
② 颜值高就是优势。
③ 颜值高才能更好地被关注。

如何对产品的颜值进行检测？主要分为自测法与他测法。自测法就是自行打造高颜值的产品，如产品颜色以纯色为主，趋于简洁，线条比较流畅，外形设计潮流时尚等；他测法则是从其他地方测试产品的颜值，如征集新的消费者对产品颜值的意见、让网友评点产品颜值、把产品与其他同类产品进行比较等。

提升产品颜值的方法有如下3点。

① 了解出色的设计作品。
② 学习并加上创新元素。
③ 聘请专业的设计团队。

可以说，产品有了高颜值，再加上其他方面的优势，成为爆品不是一件难事，毕竟高颜值的事物容易受到消费者喜爱。

4.1.5 呈现爆点，凸显体验

一个产品拥有让人尖叫的优势，意思就是能够为消费者提供良好的体验感,让消费者在使用过程中对产品和相关服务产生一种认知与体验,这种认知与体验直接影响消费者对产品的好感,决定了是否进行二次购买。

很多企业和商家无法提供让消费者满意的消费体验,原因就在于他们没有很好地发挥自己的优势,或者没有站在消费者的角度为其考虑。打造爆品为什么要替消费者考虑呢?原因总结为如下3点。

① 用户体验决定产品或服务的价值。
② 用户体验决定其是否值得传播。
③ 用户体验决定是否进行二次购买。

以某品牌服饰店为例,它不仅全面体现了自身优势,还全心全意为消费者考虑,做到了把消费者的体验感放在第一位。比如特别注重产品的细节带给消费者的体验,以一款女式衬衣为例,在产品的设计上,尤其专注于细节方面的打造,具体内容如下。

① 简洁的领口设计,注重舒适体验。
② 绑带的镂空设计,注重时尚体验。
③ 不规则的下摆设计,注重个性体验。

该品牌对产品的细心打造为消费者提供了优质的体验感,因此,赢得了不少消费者的好评和认同。

为消费者提供优质的体验需要倾注很多心血,不仅如此,还要学会从消费者的角度出发,为消费者考虑,知道他们需要什么样的产品和服务,才能打造出爆品。

4.1.6 客户要求,精确定位

许多生产厂家的一贯思路是先对产品进行定位,然后根据产品定位进行营销,将产品推销给目标消费者。这种方式虽然能够提高营销的针对性,但是,因为市场中同类型的产品比较多,难以打造特色,所以通常很难达到比较理想的营销效果。

其实,如果能够转换一下思路,就可能获得意想不到的效果。比如,生产厂家可以根据消费者的需求定位,找到消费者需求较为强烈而市场又相对缺乏的、具有特色的产品。

例如,夏季到了,天气炎热,许多人在家里都是吹空调或风扇,但是外出时,空调和风扇无法随身携带。于是,部分厂家联合抖音运营者推出了手持小风扇,并将其可随身携带的特点作为营销重点。该产品推出后,受到了消费者的热烈欢迎。

4.1.7 产品营销，设计体系

怎样打造出爆品呢？抖音运营者可从以下4个方面设计产品营销体系，全面对产品进行营销，在提高产品知名度的同时，刺激消费者的购买需求。

① 产品（或服务）。消费者购买的是产品（或服务），因此对于抖音运营者来说，如何根据产品进行营销，让消费者看到产品的特色和优势非常关键。毕竟，对于相对理性的消费者来说，只有他们认为需要的产品（或服务），才会选择购买。

② 品牌。对于部分消费者来说，品牌是做出购买决定的重要参考因素。因为在他们看来，知名度高、口碑好的品牌，其产品往往容易让人放心。对此，电商运营者在进行营销时，一方面可以将品牌的知名度和口碑作为一个宣传重点，另一方面也需要想办法提高品牌的知名度和口碑，增强品牌的信服力。

③ 价格。产品的价格一直以来都是消费者购买产品时的重要参考因素之一。如果产品具有价格优势，电商运营者可将其作为一个营销重点。

④ 渠道。一般情况下，营销的渠道越多，营销的效果就越好。对此，电商运营者可以结合一些电商，以及各大新媒体平台进行营销，提高产品的传达率和知名度。

4.1.8 赢取价值，产生共鸣

有一款品牌的鞋子，出厂价是几百元，但因为是新品，且数量有限，想买的人太多，供不应求，所以有的人需要花费几千元才能买到。这在普通人眼里简直就是一件无法理解的事，但还是会有很多年轻人竞相购买。看到这里，相信部分读者已经知道笔者说的就是AJ鞋，如图4-1所示。

那么，AJ鞋为什么卖这么贵还有人买呢？主要还是因为它获得了消费者的价值和情感认同。

一方面，AJ作为一个知名品牌，受到广大消费者的关注，同时这款鞋是限量的，所以它在很多消费者心中有较高的价值。这与明星签名有相似之处，在普通人看来，它可能并没有太大的价值，但是，对于粉丝来说，只要能得到签名，花一些钱也是可以接受的。

图 4-1 AJ 鞋

另一方面，该AJ鞋漂亮的外观满足了"鞋奴"们的情感需求。在他们看来，鞋子对自己穿着打扮起了很重要的作用，它便多了一层情感附加值。

4.2 目标市场，准确抢占

产品的打造有赖于各方面的共同作用，要想打造出让消费者满意的产品，就应该做好产品的定位，从打造口碑、切入目标和抓住长尾等方面精准占领目标市场。在移动互联网时代，产品的打造环节更为复杂，但又更加快速，这也决定了企业和产品应该通过精准占领目标市场打造爆品。

4.2.1 精确定位，打造口碑

利用产品打造来树立口碑、精准占领目标市场，首先需要明确的是如何对产品进行定位。产品定位，就是根据消费者或者消费市场的诉求来设计相对应的产品，从而让消费者的心理需求得到满足。

在对产品进行定位之后，就是对产品的设计以及宣传的方法进行相关的定型，这样大大有利于口碑的打造。可以说，产品定位决定了产品的口碑，如果一个产品的定位不准确，它的口碑就很难树立起来，自然也就无法精准占领目标市场。

下面详细介绍利用产品定位进行口碑打造、精准占领目标市场的相关要点。

（1）以产品定位为中心

想要利用产品定位树立企业的良好口碑，从而精准占领目标市场，最重要的就是营销不能脱离定位。很多企业虽然对产品有正确定位，但他们往往忽略了产品定位与营销之间的联系，结果事倍功半，造成金钱和时间的双重浪费。我们要明确，在对一个产品进行定位时，需要考虑如下因素。

① 产品外观的设计。
② 主要面向的消费群体。
③ 产品具备的主要功能。

如果企业已经确定了产品的定位，就应该把口碑营销的设计与产品的定位相结合。营销时也不能忽视影响产品定位的因素，切记一切都要以产品定位为中心。

（2）添上消费者喜爱的因素

企业在对产品定位时，一般会对目标消费人群进行锁定，也就是在产品诞生之前或诞生之初，就要明确主要把产品销售给谁。在明确了目标消费人群之后，为了能够更有把握地吸引他们，企业最明智的做法就是在产品中加入消费者喜爱的因素，比如美观的包装、实用的功能等。

在营销的过程中也要有意强调这些特别的因素，有效引起目标消费人群的兴趣，使他们被产品吸引，从而使企业和产品的口碑打造变得更加容易。

以华为FreeLace蓝牙运动耳机为例，这款产品主要面向热爱运动的消费人群。设计前，研发团队就注意到，随着社会竞争的不断加剧，很多年轻人喜欢通过运动的方式来减压，在运动时，他们通常喜欢听一些音乐，但一些耳机不是很适合运动时使用，而这款蓝牙运动耳机就是专门为运动的人群量身打造的。

（3）把产品做到极致

想要对产品的定位进行扩展，获得更多消费者的喜爱和支持，就要保证产品的质量和功能。因为只有质量达标，功能实用且丰富，才能更加吸引消费者，从而打造良好口碑。

因此，最好的办法就是把产品做到极致，让产品自身强大起来，这样就能利用定位增添底气、拓宽范围，不再局限于小部分消费人群。

以小米公司为例，它在诞生之初就是以"为发烧而生"为基本原则，意思就是要把产品做到最好。小米在"死磕极致"的道路上一直坚持着，为消费者带来了一款又一款充满惊喜的产品。

小米公司的成功定位，促使小米的发展越来越好，同时也大力推动了口碑营销，获得了电子产品爱好者和科技痴迷者的追捧和支持，为企业树立了良好的口碑。

4.2.2 细分市场，切入目标

在进行产品打造之前，需要通过细分市场找到产品的切入点，只有这样，才能精准地占领消费市场。在对市场进行细分的时候需要注意如下问题。

① 给产品定好位。
② 给市场进行分类。
③ 明确企业和店铺的发展方向。

为了找到产品打造的切入点，更好地吸引消费者的注意力，企业要在市场的细分上下大功夫。一方面要注意了解市场的动态和趋势，另一方面要让企业的产品跟上市场的步伐和布局，做到精准出击，一触即发。

有些企业一头雾水、思绪混乱，此时对产品进行打造效率不高，因为产品没有针对性，往往与市场的需求不吻合。企业需要做的就是细分市场，把自己的产品与市场的需求结合在一起，不求大求多，只求精且有效。

如此一来，就能打造出消费者满意的产品，得到消费者的大力认同和支持，从而树立起牢固的口碑。

比如，某文化公司为了打造好产品，对市场进行了有效细分，专注于微信公众号的运营这一个单点，并由此衍生出多个精品，树立了良好的口碑。如《微信公众号营销：赚钱技巧+人气打造+运营方案+成功案例》《微信公众号运营：数据精准营销+内容运营+商业变现》《微信公众号运营：微信群的组建、吸粉和营销》等作品，都是通过对微信营销进行深度挖掘的优秀书籍。

为了节省时间和资源，打造最佳效果的产品，细分市场、精准出击才是正确的选择。总之，要注重各方面细节，做到谨小慎微、一丝不苟。

4.2.3　抓住长尾，创造价值

产品的打造一是要有个性，二是要抓住长尾。市场需求大致可以分为两类，一类是主流的需求，被称为头部需求；另一类则是相对个性化的、小众的需求，被称为尾部需求。

大多数电商运营者在给产品定位时，想的可能是提供大多数人都能用的产品。殊不知，这样的产品，做的人往往比较多。而那些需求较少的，也就是我们说的长尾需求，往往容易被人忽略。其实，只要抓住了长尾需求，小众的产品也能创造出巨大的价值。

在打造产品的时候，可以给产品注入以下特色，以便更好地吸引消费者。
① 外观设计要新颖。
② 功能要有亮点。
③ 宣传方式要独特。

由此可见，为产品注入特色不仅是从产品本身入手，还要兼顾产品的营销过程。打造产品的目的是赢得消费者的喜爱，并树立产品口碑，因此，任何方面都不能忽视。

为了树立企业的口碑，必须要严抓产品的个性，这是关键。当然，为了最大限度地得到消费者的认可，也要学会抓住长尾，做到头尾两不误。

4.2.4　借助比衬，提升名气

打造产品还可以借助比衬的技巧。如果企业想要通过产品的打造来赢得市场口碑，吸引消费者的购买力，也可以借助别的知名品牌的名气。通俗地说，就是借势为自己的产品打广告、做宣传。

一般而言，这种方法是为新兴企业打响自有品牌量身定做的，因为单靠电商运营者自身的力量，被消费者熟知并快速建立企业的口碑，是一件充满挑战的事情。

因此，电商运营者一方面要保障产品的质量，另一方面要学会借由比衬突出自身。比衬的具体操作方法如下。

（1）产品兼顾质量和特色

虽然是利用其他品牌来进行比衬，但企业切记自身产品的质量要有保障，具体要做到"三要"，即要有品质、要有个性和要有亮点。

如果自身的产品毫无特色，质量又不过关，那么借助比衬突出的就是产品的缺点和不足，只会适得其反。反之，产品将会利用自己的独特优势获得消费者的赞同，从而迅速建立口碑。

以小米为例，其良好的功能和美观的设计一直被消费者所喜爱，同时也经常与苹果相比衬。众所周知，苹果手机一直以来是行业中的佼佼者，其功能和外观是相当出色的，而小米的优势当属极高的性价比，功能相近的智能手机，小米的价格要比苹果低得多，这也是许多人成为"米粉（小米粉丝）"的重要原因。

（2）与知名品牌作比较

在选择别的企业作为比衬参考时，要有相应的标准，不能随意乱找，敷衍了事，因为选择的对比对象将影响自身的高度。选择的比称对象要满足以下3个条件。

① 市场业绩要高。
② 声誉要好。
③ 知名度要高。

选择这样的"靠谱"对象进行比衬，对于企业和店铺本身来说是比较有利的，因为大品牌往往已经形成了固定的消费群体和强大的影响力，借助大品牌的势头能够快速吸引消费者的关注，从而打造口碑，更精准地占领目标市场。

（3）不能一味地贬低别人

在通过比衬来突出自身品牌时，切忌走偏。比衬的实质是借势，而不是通过贬低别人抬高自己，这是一种错误的做法，甚至可以说是卑劣的行为。在比衬的过程中需要明确两点：一是比衬不等于否定；二是比衬时不能恶意诽谤。

不管怎样，如果想要通过比衬这种方式博得更多关注，打造口碑，就应该把好产品质量关,寻找正确的比衬参考,以便突出自身产品的特有优势。只有这样,才能吸引众多消费者的眼球,继而得到他们的喜爱和追捧。

当然,抖音运营者也要明确比衬这一技巧的注意事项,以免走向错误的方向,无法取得理想的结果。

4.2.5 给予精神,赋予力量

产品从某种角度来讲,也会给人带来一种精神的力量,比如激励、积极、阳光等。这些都是由于在产品打造过程中加入了"鸡汤"的元素。一款产品设计的好坏可能会左右人的情绪,使人心情愉悦的产品需要具备以下几种要素。

① 看:美观的外形。
② 吃:可口的味道。
③ 听:动听的音乐。
④ 用:实用的功能。

因为企业打造的产品功能相差无几,所以,很多时候消费者将注意力集中在情感和精神方面。那么,应该如何给产品注入正面的能量,给产品浇上"鸡汤"呢?

(1)注重产品细节和外观

其实,给产品浇上"鸡汤",从外观设计上来讲,就是把产品打造得美观大方,注重产品细节的打磨,给消费者一种美的感受,提供给消费者最优质的产品体验,让其感受到产品的积极精神。

以华为P40超感知影像手机为例,多种色彩任顾客选择,再加上给人一种简单、纯粹感觉的精美外观和良好性能,使得消费者为之心动和着迷。该款手机获得了大量的关注,还没发行就已经引起消费者的热烈讨论。

这些都是企业为产品浇上"鸡汤"的体现,同时这些带有"鸡汤"的产品也让消费者感受到了正能量,心情更加愉快。

(2)为产品添加文化内涵

在给产品浇上"鸡汤"时,需要注意的是,不仅要注重产品的外观设计,也要传达出产品的内涵和文化。这样一来,消费者只要一看到产品,就会自动联想到企业和产品独有的内涵,从而充满力量。这就是给产品内涵加"鸡汤"的要义。

以三星系列手机为例,它就添加了"鸡汤"的成分,三星手机在营销过程中推出了"创新改变生活,三星因您不同!"的口号,吸引了广大年轻群体的目光,也传递了三星手机的创新精神。

（3）展示传统文化的精华

在给产品浇上"鸡汤"时，可以与传统文化中的精华部分结合起来，这样既可以赋予产品更深厚的含义，也可以助力优秀传统文化的继承和发扬。一个产品如果与优秀传统文化挂钩，就很有可能打动消费者的心，并迅速树立企业的口碑。

以知名白酒品牌"孔府家酒"为例，它就成功在产品和营销手段上浇上了"传统文化"的鸡汤，具体如下。

① 产品名字带有"家"字。
② 广告语"孔府家酒，叫人想家"。
③ 推出"回家篇"广告。

"孔府家酒"在产品中巧妙地融入了"家"的优秀传统文化，唤起了无数消费者对家的记忆和想念，成功把品牌文化和大众的普遍情感结合起来，使消费者对产品产生一种特别的情感，为产品打造了坚不可摧的口碑。

（4）推出"鸡汤"广告

要想给产品浇上"鸡汤"，除了对产品进行加工外，还可以通过打造消费者的专属广告来传递积极向上的精神。这是一种旁敲侧击的方法，它的好处在于让品牌推广不那么生硬，无限贴近消费者的真实状态，从而使消费者变得能量满满，被企业的文化和品牌所吸引。

为消费者量身打造的"鸡汤"广告，大致展示如下内容。

① 励志，激励人前进。
② 表现家庭亲情。
③ 发扬社会公益精神。

需要注意的是，广告虽然能带给消费者正能量，但也要注意不能无限度地使用，要与产品附带的"鸡汤"相结合，才能达到最好效果。

总的来说，为产品浇上"鸡汤"是帮助产品精准占领市场的有效方法，既可以为企业和店铺树立口碑，也可以推动产品销量的提高，可谓两全其美。

4.3 凭借营销，引爆销量

在当今社会，如果不能掌握一定的营销方法，再好的产品，可能也难以为人所知，就更不用说变现赚钱了。

电商运营者要想将产品前景和"钱景"握在手中,借助营销引爆销量,还得掌握一些必要的营销方法。

4.3.1 薄利多销,吸引目光

活动营销是指整合相关资源、策划相关活动,从而卖出产品,提升企业和品牌形象的一种营销方式。通过营销活动提升客户的依赖度和忠诚度,利于培养核心用户。

活动营销是各商家最常采用的营销方式之一,常见的种类包括抽奖营销、签到营销、红包营销、打折营销和团购营销等。许多店铺通常会采取"秒杀""清仓""抢购"等方式,以相对优惠的价格吸引用户购买产品,增加平台的流量。

图4-2所示为某商场的节假日打折营销活动。在这个时间段,该商场的销售量快速增加。通过举办促销打折优惠活动进行产品销售,是典型的活动营销。

图 4-2　某商场的节假日打折营销活动

活动营销的重点往往不在于活动这个表现形式,而在于活动的具体内容。也就是说,电商运营者在做活动营销时需要选取用户感兴趣的内容,否则,可能难以收到预期的效果。

对此,电商运营者需要将活动营销与用户营销结合起来,以活动为外衣,把用户需求作为内容进行填充。比如,当用户因商品价格较高不愿下单时,可以通过发放满减优惠券的方式,适度让利,以薄利获取多销。

4.3.2 饥饿战略，制造热度

饥饿营销属于常见的营销战略，要想采用饥饿营销的策略，首先需要产品有真实价值，并且品牌在大众心中有一定的影响力，否则，用户可能不会买账。饥饿营销实际上就是通过降低产品供应量，造成供不应求的假象，从而形成品牌效应，快速销售产品。

饥饿营销运用得当产生的良好效果是很明显的，对店铺的长期发展十分有利。图4-3所示为京东某品牌皮鞋的饥饿营销相关界面，商家通过限时降价的营销方式进行销售，让有需求的消费者陷入疯狂的抢购。

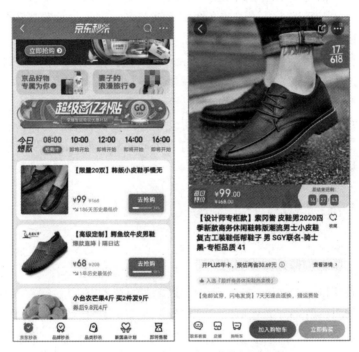

图4-3 京东某品牌皮鞋的饥饿营销相关界面

对于电商运营者来说，饥饿营销主要可以起到两个作用。一是获取流量，制造短期热度。比如，皮鞋的此次秒杀活动，受价格的影响，大量消费者涌入该产品的购买页面。二是增加认知度。随着此次秒杀活动的开展，许多用户一段时间内对品牌的印象加深，品牌的认知度获得提高。

4.3.3 运用事件，结合时势

事件营销就是借助具有一定价值的新闻、事件，结合自身的产品特点进行宣传、推广，从而达到产品销售目的的一种营销手段。运用事件营销引爆产品的关键就在于结合热点和时势。

以"直播带货"这个热门话题为例，随着很多网络主播为一些产品带货，并取得较好成绩，紧接着就迎来了一大批名人迅速加入，"直播带货"成为网络一大热点。"直播带货"作为一种营销模式，更好地扩展了商业市场，加速了商品流通。

"直播带货"现已成为比较流行的产品营销方式，再通过抖音、微博、网站等平台的宣传，各地区滞销的产品通过"直播带货"的形式迅速卖出，消费者无需再到店铺购买，既节约了时间，又不需要耗费精力去挑选，因为主播通过直播的方式已经把产品的细节介绍给了消费者，因此，很多产品在直播时的成交量要比店铺销售的成交量多得多。

综上所述，事件营销对于打造爆品十分有利，但是事件营销如果运用不当，也会产生一些不好的影响。事件营销需要注意几个问题，如要符合新闻法规、要与产品有关联性、要控制好风险等。

事件营销有重要性、趣味性、接近性、针对性、主动性、保密性、可引导性等特性。这些特性决定了事件营销可以帮助产品变得火爆，从而成功达到提高产品销量的效果。

4.3.4 口碑营销，带动流量

在互联网时代，消费者很容易受到口碑的影响，当某一事物受到主流市场推崇时，大多数人都会趋之若鹜。对于电商运营者来说，口碑营销主要是通过产品的口碑获得好评，进而带动流量，让更多消费者出于信任购买产品。

常见的口碑营销方式包括经验性口碑营销、继发性口碑营销和意识性口碑营销。

（1）经验性口碑

经验性口碑营销主要是从消费者的使用经验入手，通过消费者的评论和购买的数量让其他用户认可产品，从而产生营销效果。

随着电商购物的发展，越来越多的人养成了这样一个习惯，那就是在购买某件产品时先查看他人对该物品的评价，以此对产品的质量进行评估。某件商品的总体评价较好时，店铺便可凭借口碑获得不错的营销效果。

比如，图4-4中绝大多数用户都是直接给好评，该商品的好评率达到92%。所以，当某一用户看到这些评价时，就会认为该产品总体比较好，便会进行购买，这样一来，口碑营销变为了"赢销"。

第4章
打造爆款，获得推荐

 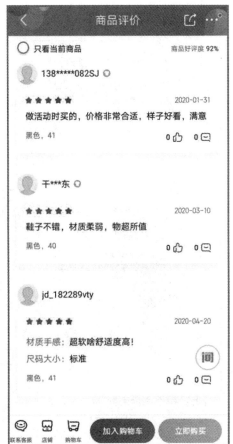

图 4-4 京东某店铺用户发布的商品评论

（2）继发性口碑

继发性口碑的来源较为直接，就是消费者直接在抖音平台和电商平台上了解相关信息，从而逐步形成口碑效应，这种口碑往往来源于短视频平台和电商平台上的相关活动。

以"淘宝"为例，该电商平台通过"淘抢购""百亿补贴""品牌特卖"等活动，给予消费者一定的优惠。优惠的价格很大程度上会吸引消费者购买，"淘宝"借助这个优势在消费者心中形成了良好的口碑效应。

图 4-5 所示为"淘抢购"的相关界面，秒杀的产品都是限时销售，且参与秒杀的产品种类繁多，任由消费者选择和购买，再加上参与"淘抢购"的产品是以最低的价格进行销售，这种限时降价的营销方式会激发消费者的购买欲望，从而吸引消费者竞相抢购。

 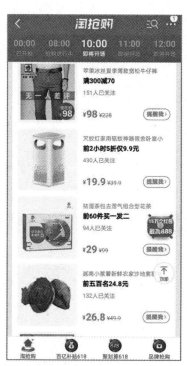

图 4-5 "淘抢购"的相关界面

（3）意识性口碑

意识性口碑营销，主要就是由名人效应延伸的产品口碑营销，往往由名人的名气决定营销效果，同时明星的粉丝群体也会进一步提升产品的形象，打造企业品牌。

相比于其他推广方式，请明星代言的优势在于，明星的粉丝很容易"爱屋及乌"，在选择产品时，有意识地将自己偶像代言的品牌作为首选，有的粉丝为了扩大偶像的影响力，甚至还会宣传偶像的代言内容。

口碑营销实际上就是借助从众心理，通过消费者的自主传播，吸引更多消费者购买产品。在此过程中，非常关键的一点就是消费者好评的打造。毕竟当新用户受从众心理的影响进入店铺之后，要想让其进行消费，必须先要通过好评获得信任。

4.3.5 打响品牌，深入人心

品牌营销是指企业通过向消费者传递品牌价值来得到消费者的认可和肯定，以达到维持稳定销量、获得良好口碑的目的。通常来说，品牌营销需要企业倾注很大的心血，因为打响品牌不是一件容易的事情，市场上生产产品的企业和商家千千万万，能被消费者记住和青睐的却只有那么几家。

因此，如果企业想要通过品牌营销的方式来引爆产品，树立口碑，就应该从一点一滴做起，坚持不懈，这样才能齐抓名气和销量，赢得消费者的青睐和追捧。

品牌营销可以为产品打造一个深入人心的形象，然后让消费者为品牌下的产品趋之若鹜，成功打造爆品。品牌营销需要有相应的营销策略，如品牌个性、品牌传播、品牌销售和品牌管理，以便让品牌被消费者记住。

以丹麦的服装品牌ONLY为例，其品牌精神为前卫、个性十足、真实、自信等，很好地诠释了它产品的风格所在。同时，ONLY利用自身的品牌优势在全球开设了多家店铺，获得了丰厚的利润，赢得了众多消费者的喜爱。

ONLY的品牌营销是一步一步从无到有摸索出来的，同时也是依靠自己的努力慢慢找到品牌营销的窍门，从而打造出爆品，要学会掌握品牌营销的优势，逐个击破。

品牌营销的优势有如下4点。

① 有利于满足消费者需求。
② 有利于提升企业水平。
③ 有利于企业与其他对手竞争。
④ 有利于企业效率的提高。

品牌营销的优势不仅对企业有利，对爆品的打造同样适用。总之，一切都是为了满足消费者的需求。

4.3.6 借力营销，合作共赢

借力营销属于合作共赢的模式，主要是指借助外力或别人的优势资源来实现自身的目标或者达到相关效果。比如，电商运营者在产品的推广过程中存在自身无法完成的工作，但是其他人擅长这一方面，就可以通过合作达成目标。

在进行借力营销时，电商运营者可以借力于3个方面的内容，具体如下。

① 品牌的借力：借助其他知名品牌，快速提升品牌和店铺的知名度和影响。
② 用户的借力：借助其他平台中用户群体的力量，宣传店铺及其产品。
③ 渠道的借力：借助其他企业擅长的渠道和领域，节省资源、打造共赢。

图4-6所示为雪碧借力爱奇艺视频进行营销的相关画面，该品牌的相关人员把广告上传至爱奇艺视频平台，就是为了把爱奇艺视频的用户作为宣传对象。这样的宣传方式，会大大增加品牌和产品的宣传力度和影响范围。

图 4-6　雪碧借力爱奇艺视频营销

借力营销能获得怎样的效果，关键在于借力对象的影响力。所以，在采用借力营销策略时，电商运营者应尽可能选择影响力较大的，同时也要选择包含大量目标用户的平台，不能抱着广泛撒网的方式到处去借力。

因为电商运营者的时间和精力是有限的，这种广泛借力的方式不太适用，无法取得预期效果。

第 5 章

文案定位
确定人群

文案定位的基础就是市场定位，只有把握好市场定位，才能确定文案的发展方向，才能更精确地把创作的内容传达给用户。

本章主要讲述怎样进行文案定位与定位需要用到的8种调查方法。

5.1 做好定位，确定群体

在短视频平台进行文案创作时，运营者需要通过精确的定位确定文案的目标群体。短视频文案创作主要从以下3个方面进行定位，如图5-1所示。

图 5-1　短视频文案创作的定位

5.1.1 找准基调，协调发展

短视频账号的运营，首先应该确定自己想要运营的是一个什么类型的账号，以此来确定平台的基调。账号的基调主要分为以下5种类型：学术型、搞笑型、创意型、媒体型和服务型。

运营者在做账号定位时，必须要根据自身条件的差异性去选择具有不同优势和特点的账号类型，具体分析如图5-2所示。

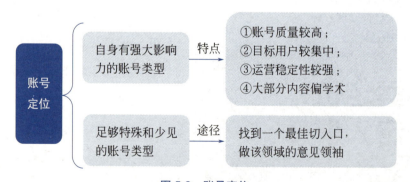

图 5-2　账号定位

需要注意的是，做好平台账号定位是极为重要的，短视频运营者必须慎重对待。只有找准了账号的定位，确定了发展的基调，下一步才能更好地运营，才能达到预期的效果。

5.1.2 用户定位，了解特性

在短视频平台的运营过程中，明确目标用户是其中最为重要的一环。而在用户定位之前，首先应该做的是了解平台具体针对的是哪些人群，他们有什么特性。关于用户的特性，一般可细分为两类，如图5-3所示。

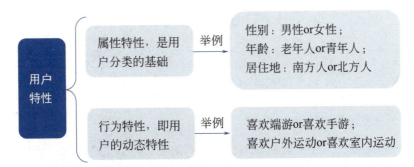

图 5-3　短视频平台用户特性分类

了解用户的基础特性后，做好用户定位。用户定位一般包括如下3个步骤。

● 数据收集。可以通过市场调研等多种方法来收集和整理平台用户数据，再把这些数据与用户属性关联起来，绘制成相关图谱，更好地了解用户的基本属性特征。

● 用户标签。获取了用户的基本数据和属性特征后，就可以对其进行简单分类，并进一步对用户进行标注，只有了解用户的可能购买欲和可能活跃度等，才能够在接下来的过程中对号入座。

● 用户画像。利用上述内容中的用户属性标注，从中抽取典型特征，完成虚拟画像，构成平台用户的各类用户角色，以便进行细分。

5.1.3 内容定位，展现优势

内容定位就是短视频运营者为用户提供的准确内容。在平台运营中，内容定位主要应做好以下3个方面的工作。

（1）找准发展方向

找准内容发展方向是平台内容供应链初始时期的工作。该阶段视频运营者需要构建好内容的整体框架，具体分析如图5-4所示。

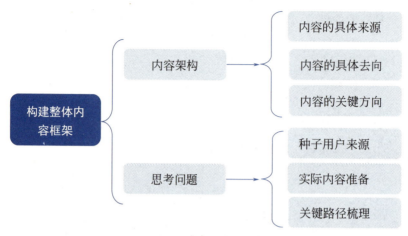

图 5-4　明确内容发展的方向

（2）通晓展示和整合方式

在内容定位中，还应该通晓运营阶段的内容展示方式。在打造优质内容的情况下，首先要展示好平台内容，并逐步建立起品牌效应，这两点是扩大平台影响力的重要条件。关于平台内容的展示方式，为大家总结了以下4点，具体如图5-5所示。

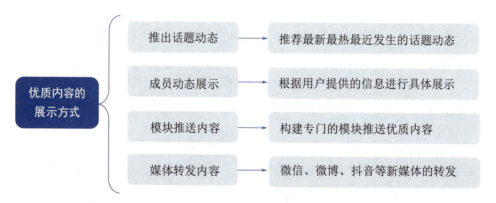

图 5-5　优质内容的展示方式

内容展示完成后，要整合具体的内容。内容整合的核心就是收集同类优质内容，如何收集比较优质的内容呢？这里介绍如下3种整合方式。

① 话题问答整合。整合出现的话题，并进行有效的挑选。这种方式实际上过滤了很多重复的话题内容，同时也避免了话题的混乱，提高了话题内容的优质性。

② 刊物方式整合。结合很多刊物的具体内容，挑选出最有价值的进行整

合，这种方式大大增加了内容的真实性和有效性。

③ 用户内容整合。整合用户的信息，结合用户的心理需求，打造出较为优质的内容。

(3) 确定互动方式

除了应做好初始阶段和运营阶段的内容定位，短视频运营者还应该确定宣传阶段的内容定位，即怎样进行平台内容互动。

企业与用户进行交流互动，有利于新媒体平台内容的传播，用户的接受能力越强，对于平台的信任度和支持度也将越得到加深。在确定内容互动方式的过程中，需要把握以下几个关键点，如图5-6所示。

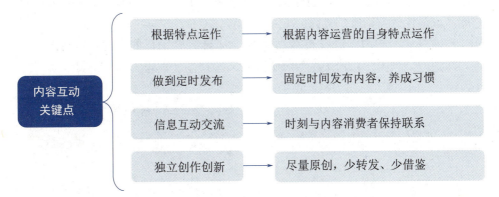

图 5-6　把握平台内容互动方式的关键点

5.2　市场调研，找到突破

市场调研对短视频运营来说是很重要的一环，短视频运营者可以通过走进市场的方式，找到短视频文案的突破口。市场调研是保证文案编辑方向正确和内容精准的前提。只有做好了调研，才能预判推送的文案是否能满足用户的需求，并最终达到预期的目的。

5.2.1　实地调查，适应变化

市场调研的必要性是有其客观因素的，因为市场是处于瞬息变化的状态。市场变化的因素有如图5-7所示的两方面。

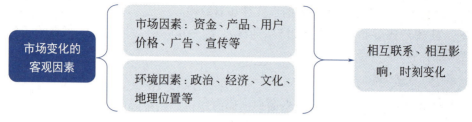

图 5-7　市场变化的客观因素

正是因为市场的两大客观因素，所以关于市场的调研是活动中必须要做的。在普遍使用智能手机的社会环境下，与企业产品或品牌有着紧密联系的短视频平台，也必须适应市场的变化，并进行积极且广泛的市场调研，只有这样才能获取最佳的营销推广效果。

广而言之，所谓"市场调研"，就是为了达到营销目的对营销信息进行分析、甄别的一种工作。关于市场调研的含义，具体分析如图5-8所示。

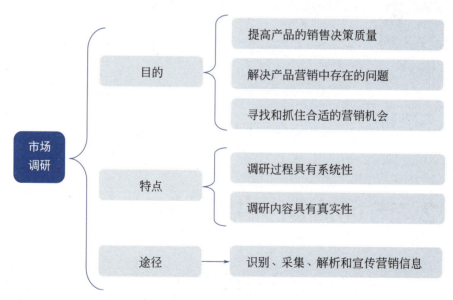

图 5-8　市场调研的含义

5.2.2　问卷调查，循序渐进

问卷调查顾名思义，就是调查人员把要调查的内容做成问卷形式而进行的一种调查方法，这是一种比较实用且普遍的调查方法。通过问卷调查，可以全面收集调查对象的信息、了解市场情况，还具有范围广、成本低和较真实3个优势。在具体实施过程中，必须要注意以下几个方面的问题，具体内容如图5-9所示。

图5-9 问卷调查注意事项

其中，问题顺序力求安排合理，其实就是要求调查的问题必须要由浅入深，具体表现如下。
- 从一般性到特殊性。
- 从接触性、过渡性到实质性。
- 从简单到复杂或是有难度。

5.2.3 宣传调查，加强推广

市场调研是市场预测和经营决策过程中的重要组成部分，它是运营者进行营销策划和运作过程的基础条件，对企业产品和品牌的推广有着至关重要的作用。

市场调研所具有的重要作用可从广义和狭义两个方面进行分析，具体如图5-10所示。

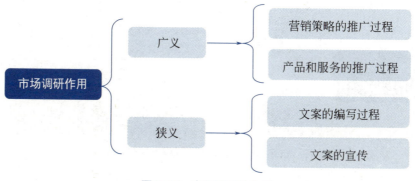

图5-10 市场调研的作用

由图5-10可知：从广义来说，把市场调研所得出的结果作为参考标准，让它贯穿整个营销策略乃至产品和服务的推广过程；从狭义来讲，市场调研在文案营销中的作用直接体现在文案的编写和宣传过程中。

从狭义的角度来看，它又主要表现在如下3个方面。

（1）参考依据

主要是基于文案策划过程。市场调研作为文案营销过程的初始阶段，能够为接下来的文案策划提供科学的依据和富有价值的参考信息，具体分析如图5-11所示。

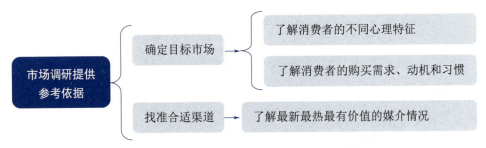

图 5-11 市场调研为文案策划提供参考依据

（2）评估标准

主要是基于文案的效果测定。文案营销效果的实现是撰写和推广文案的最终目的，也是企业、商家和平台运营者最关切的问题。

从文案效果来说，主要表现在两个阶段，即文案发布之前的效果预测阶段和发布结束后的效果检验阶段，这两个阶段的市场调研结果是评估其效果的标准，具体分析如图5-12所示。

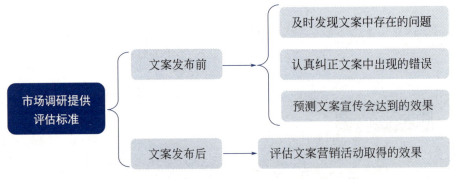

图 5-12 市场调研为文案发布提供效果预测与评估

(3) 素材库

主要是基于文案的创作过程。完成文案创作的基础就是要有大量的素材，只有不断提供丰富的生活素材，短视频运营者才能更快地找到灵感，才能创作出更加创新与独特的文案作品，而生活素材必须要深入社会实践。

市场调研的广泛性、系统性和客观性是获得数据信息最好的素材来源，这为视频运营者的创意提供着重要支撑。

5.2.4 典型调查，选择对象

典型调查是一种以典型对象为调查目标，在得出的结果上推算出一般结果的调查方法。

这种调查方法在对象选择上具有鲜明特征，它是基于一定目的和标准特意选择的，因而在调查结果上能够突出显示调查的作用，如图5-13所示。

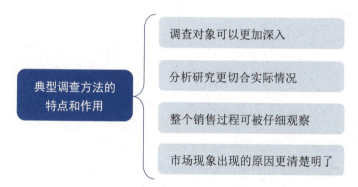

图 5-13　典型调查方法的突出特点和作用

典型调查方法有一个特别需要注意的问题，那就是要重点把握调查对象的典型程度——典型程度把握得越好，调查结果也就越贴近现实，所产生的误差也就越小。当然，这种具有突出特点和作用的调查方法具备极大的优势，具体内容如图5-14所示。

图 5-14　典型调查方法的优势

5.2.5 抽样调查，推算结果

抽样调查就是在整个样本中抽取一部分样本进行调查，然后通过推算得出结果的调查方法。这一市场调研方法又可细分为随机抽样调查和非随机抽样调查，接下来就对这两种调查方式进行详细解读。

（1）随机抽样调查

随机抽样调查也被叫作概率抽样调查，它是在整个样本中以随机的方式抽取一部分样本来进行调查，具体介绍内容如图5-15所示。

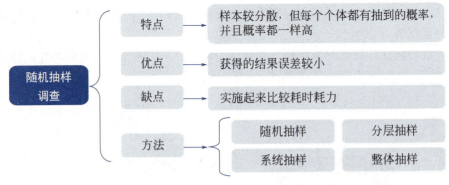

图 5-15　随机抽样调查

（2）非随机抽样调查

非随机抽样调查是在不遵循随机原则的情况下，在总体样本中按照调查人员的主观感受或其他条件抽取部分样本而进行的一种调查方法，具体内容如图5-16所示。

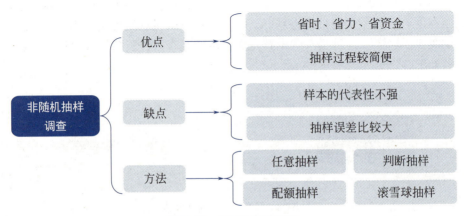

图 5-16　非随机抽样调查

5.2.6 全面调查，广泛捕捞

全面调查与其他方法的不同之处在于它的调查方向比较全面，要求的是全面性的普查式调查，调查结果全面而精准。

就市场营销而言，全面调查的对象是所有目标消费者。它主要分为两种类型，如图5-17所示。

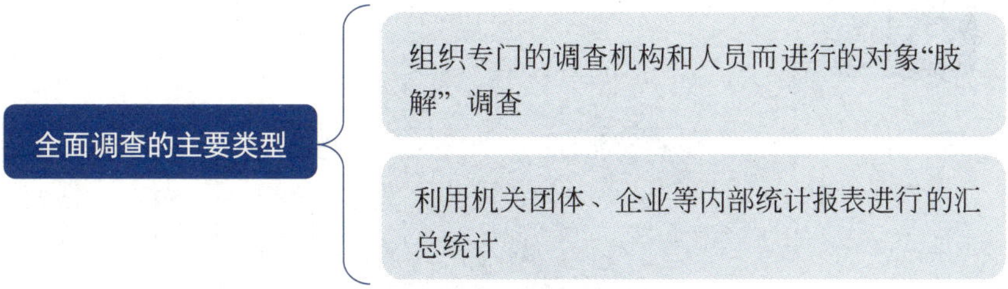

全面调查的主要类型：
- 组织专门的调查机构和人员而进行的对象"肢解"调查
- 利用机关团体、企业等内部统计报表进行的汇总统计

图 5-17　全面调查的主要类型

5.2.7 访问调查，收集资料

访问调查就是通过对被调查者直接询问来收集资料的一种方法。

访问调查有三种方法，即登门拜访、电话探访和街头采访。它们各自的具体特点如下。

① 登门拜访能确保资料收集的真实性与全面性，且这种收集还伴有详细的记录可供查询。

② 电话探访有着很明显的优势，就是非常简便，但这种方法由于持续的时间短，一般无法实现深入询问和调查，只能在常规性问题上对调查结果有一定帮助。

③ 街头采访，不太适用于文案营销，这种方法在实际操作过程中被拒绝的概率比较大，比较难以收集到丰富的资料。

5.2.8 文献调查，精确认知

文献调查法是指通过搜索相关文献搜集有关市场信息的一种调查方法，它算是一种间接的、非介入式的市场调查方法。

企业在经营过程中，常常需要了解市场行情、国民经济发展情况等，这些信息很难从消费者那里得到，文献调查法能很好地帮助企业获得，它是非常方便有效的一种调查方式。

文献资料的来源主要包括两种，即企业内部资料和其他外部资料，具体内容如图5-18所示。

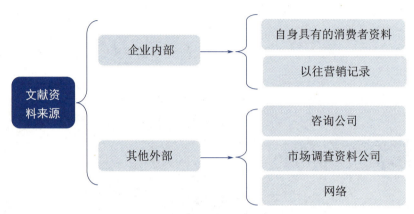

图 5-18　文献资料来源的具体内容

随着互联网技术的发展，在文案营销中使用文献调查方法越来越简便，特别是在大数据技术飞速发展的环境下，企业可以很容易地获取大量企业、消费者资料和信息，这种调查方法的应用也就变得愈加实用。

第 6 章

打磨文案的完全攻略

短视频平台文案创作其实不难,但要创造出较好的文案,还需要充足的时间和精力去打磨。在文案创作过程中,标题和用户对视频内容的评价至关重要。

本章主要讲述短视频平台文案的标题撰写和怎样让用户对你的文案产生活跃评论。

6.1 视频标题的制作要点

标题是短视频的重要组成部分，要做好短视频文案，标题的制作是关注重点之一。短视频标题创作必须要掌握一定的技巧和写作标准，只有对标题撰写必备的要素进行熟练掌握，才能更好、更快地实现标题撰写，达到引人注目的效果。

在撰写短视频标题时，应该重点关注哪些方面的内容呢？笔者接下来详细解读标题制作的要点。

6.1.1 标题内容，联系紧密

标题是短视频的"窗口"，用户如果能从这扇窗户中看到短视频的大致内容，就说明这则标题是合格的。换句话说，标题要体现短视频的主题。

虽然标题要起到吸引用户的作用，但是如果用户被某一标题吸引，点击查看内容时却发现标题和主题联系得不紧密，或是完全没有联系，就会降低用户的信任度，而短视频的点赞和转发量也将被拉低。由此可以看出标题对短视频的重要性。

短视频运营者在撰写标题时，一定要注意标题与主题联系紧密，切勿做标题党。

6.1.2 简洁明了，突出重点

一个标题的好坏直接决定了短视频点击量与播放率的高低，所以，标题一定要重点突出、简洁明了，字数不要太长，最好能够朗朗上口，这样才能让用户在短时间内知道你想要表达的内容，会有一个比较舒适的视觉感受，阅读起来也更方便。图6-1所示的抖音短视频标题虽然只有短短几个字，但用户能从中看出主要内容，这样的标题就很好。

6.1.3 善用词语，抓人眼球

标题是短视频的"眼睛"，展示了一个短视频的主旨，甚至有对故事背景的诠释，所以，一个短视频数据的高低，与标题的好坏有着不可分割的联系。

图 6-1 简短标题

短视频标题要想吸引用户，就必须有点睛之处。短视频运营者可以加入一些能够吸引用户眼球的词，比如"惊现""福利""秘诀""震惊"等。这些"点睛"词能够让用户产生好奇心，如图 6-2 所示。

图 6-2 利用"点睛"词的标题案例

6.2 创作标题要掌握技巧

一个文案，最先吸引浏览者的是什么？毋庸置疑，是标题，好的标题才能吸引浏览者点进去查看视频内容。掌握一些标题创作技巧是每个短视频运营者必须掌握的核心技能。

6.2.1 拟写标题的3个原则

评判一个文案标题的好坏，不仅要看它是否有吸引力，还需要参照其他的一些原则。在遵循如下原则的基础上撰写的标题，能让短视频更容易上热门。

（1）换位原则

短视频运营者在拟定标题时，不能只站在自己的角度去创作，而要站在受众的角度去思考。也就是说，应该将自己当成受众，如果你想知道这个问题，你会用什么搜索词进行搜索，这样写出来的文案标题会更接近受众心理。

短视频运营者在拟写标题前，可以先自行搜索有关关键词，从排名靠前的文案中找出这些标题的规律，再将这些规律用于自己的标题中。

（2）新颖原则

短视频运营者如果想让标题形式变得新颖，可以采用多种方法，这里介绍几种比较实用的标题形式。

① 要尽量使用问句，这样比较能引起人们的好奇心，比如"谁来'拯救'缺失的牙齿？"这样的标题更容易吸引用户。

② 要尽量写得通俗易懂、直截了当，这样才会有很强的吸引力；可以尽量将利益写出来，无论是查看这个短视频后所带来的利益，还是这个短视频中涉及的产品所带来的利益，都应该在标题中直接告诉用户，从而增加标题对用户的影响力。

（3）关键词组合原则

通过观察可以发现，能获得高流量的文案标题都是拥有多个关键词并且进行组合之后的标题。只有单个关键词的标题，它的排名影响力不如多个关键词的标题。

例如，如果仅在标题中嵌入"旅行"这一关键词，那么用户只有搜索"旅行"这一关键词，文案才会被搜索出来，而标题上如果含有"青春""自由""发现"等多个关键词,则用户在搜索其中任意关键词的时候,文案都会被搜索出来,标题"露脸"的机会也就更多了。

6.2.2 利用词根增加曝光

编写文案标题时,电商运营者需要充分思考怎样去吸引目标受众的关注。要实现这一目标,就需要从关键词着手。而要在标题中运用关键词,就需要考虑关键词是否含有词根。

词根指的是词语的组成根本,只要有词根我们就可以组成不同的词。电商运营者在标题中加入有词根的关键词,才能将文案的搜索度提高。

例如,一篇文案标题为"20分钟教你快速做好旅行攻略","旅行攻略"就是关键词,而"攻略"是词根。根据词根,我们可以写出更多与摄影相关的标题。用户一般会根据词根去搜索短视频,只要你的短视频标题中包含了该词根,就更容易被用户搜索到。

6.2.3 标题内容,凸显主旨

俗话说得好,"题好一半文"。它的意思就是说,一个好的标题就等于视频文案成功了一半。衡量一个标题好坏的方法有很多,而标题是否体现视频的主旨就是其中一个主要参考依据。

如果一个短视频的标题不能够让用户看见它第一眼时,就明白它想要表达的内容,那么这个用户大概率会放弃查看这个短视频,因为用户会觉得没有查看它的价值。

文案内容主旨的标题,体现与否会造成两种完全不一样的结果,具体分析如图6-3所示。

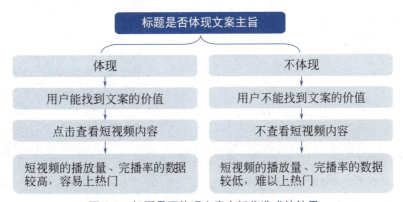

图6-3 标题是否体现文案主旨将造成的结果

经过分析，大家可以直观地看出，标题是否体现主旨会直接影响短视频的营销效果。所以，短视频运营者想要让视频上热门的话，一定要多注意标题是否体现了主旨。

6.3 视频标题的12种套路

在短视频账号的运营过程中，标题的重要性不言而喻，在了解了标题设置目的和要求的情况下，就要了解用什么样的方式设置标题。

6.3.1 把握心理，福利发送

福利发送型的标题是指带有与"福利"相关的字眼，传递一种"这个短视频就是来送福利的"的感觉，让用户想要看完短视频。发送福利型标题准确把握了用户想得到福利的心理需求，让其看到相关字眼就忍不住想要了解短视频的内容。

福利发送型标题的表达方法有两种，一种是直接型，另一种则是间接型，如图6-4所示。虽然类型不同，但是效果相差无几，本质上都是通过"福利"来吸引受众的眼球，从而提升视频的点击率。

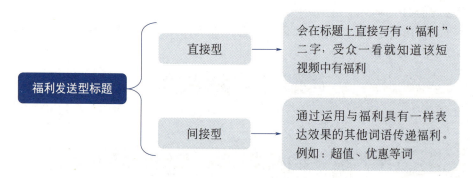

图6-4　福利发送型标题的表达方法

无论是直接型还是间接型，都应该掌握如图6-5所示的3点技巧。当然，在撰写福利发送型标题时也要注意，不要因为侧重福利而偏离了主题，而且最好不要使用太长的标题，以免影响短视频的传播效果。

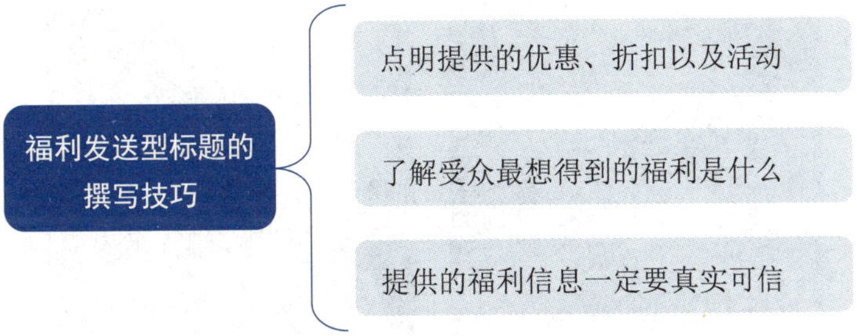

福利发送型标题的撰写技巧：
- 点明提供的优惠、折扣以及活动
- 了解受众最想得到的福利是什么
- 提供的福利信息一定要真实可信

图 6-5 福利发送型标题的撰写技巧

6.3.2 掌握技能，价值传达

价值型标题是指向短视频用户传递出有效信息，即在观看短视频之后，用户可以掌握某些技巧或者知识。

这种类型的标题之所以能够引起受众的注意，是因为抓住了人们想要从短视频中获取实际利益的心理。许多用户都是带着一定的目的刷视频，要么希望短视频含有福利，比如优惠、折扣；要么希望能够从短视频中学到一些有用的知识。因此，价值型标题的魅力不可阻挡。

在打造价值型标题的过程中，往往会碰到这样一些问题，比如"什么样的技巧才算有价值？""价值型的标题应该具备哪些要素？"等。撰写价值型标题的经验技巧总结如图6-6所示。

图 6-6 撰写价值型标题的技巧

值得注意的是，在撰写价值型标题时，不要提供虚假信息，比如"1分钟一定能够学会××""3大秘诀包你××"等。价值型标题虽然需要有夸张的成分，但要把握好度，要有底线和原则。

价值型标题通常会出现在技术类的文案之中，主要是为受众提供实际好用的知识和技巧，如图6-7所示，为价值型标题的典型案例。

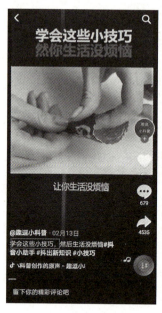

图 6-7 价值型标题的案例

用户看见这种价值型标题时，会更加有动力去查看短视频，因为这种类型的标题给人一种很简单的感觉，似乎不需要花费过多的时间和精力去学习。

6.3.3 励志鼓舞，"现身说法"

励志鼓舞型标题最为显著的特点就是"现身说法"，一般是通过第一人称的方式讲故事，故事的内容包罗万象，但总的来说离不开成功的方法、教训以及经验等。

如今很多人都想致富，却苦于没有致富的定位，如果这个时候给他们看励志鼓舞型短视频，让他们知道企业是怎样打破枷锁，走上人生巅峰的，他们就很有可能对带有这类标题的内容感到好奇。励志型标题模板主要有两种，如图6-8所示。

励志鼓舞型标题的好处在于煽动性强，容易制造一种鼓舞人心的感觉，勾起短视频用户的欲望，从而提升短视频的完播率。

那么，打造励志鼓舞型标题是不是单单依靠模板就行了呢？答案是否定的，模板固然可以借鉴，但在实际操作中，还要根据内容的不同而使用特定的励志型标题。总的来说有3种经验技巧可供借鉴，如图6-9所示。

一个成功的励志型标题不仅能够带动用户的情绪，还能促使用户对短视频产生极大的兴趣。图6-10所示为励志鼓舞型标题的典型案例展示。

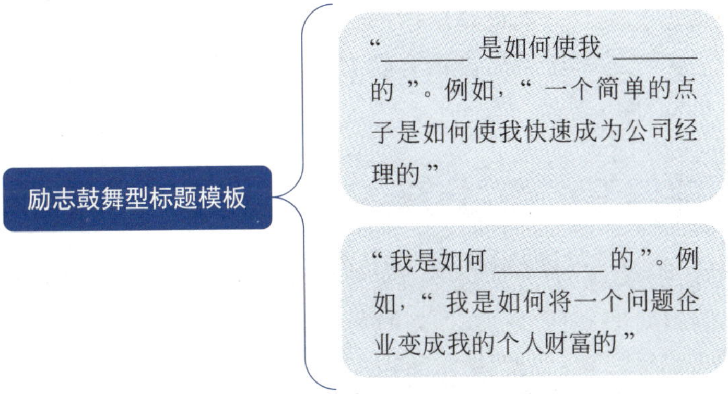

第 6 章
打磨文案的完全攻略

励志鼓舞型标题模板
- "_____是如何使我_____的"。例如,"一个简单的点子是如何使我快速成为公司经理的"
- "我是如何_____的"。例如,"我是如何将一个问题企业变成我的个人财富的"

图 6-8　励志鼓舞型标题的两种模板

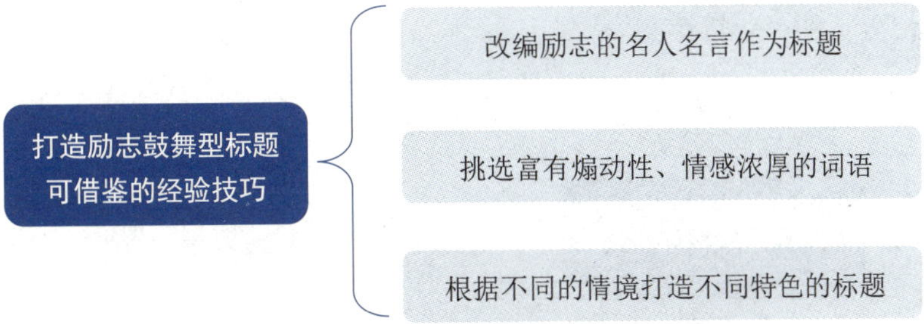

打造励志鼓舞型标题可借鉴的经验技巧
- 改编励志的名人名言作为标题
- 挑选富有煽动性、情感浓厚的词语
- 根据不同的情境打造不同特色的标题

图 6-9　打造励志鼓舞型标题可借鉴的经验技巧

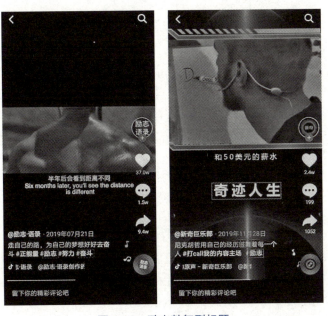

图 6-10　励志鼓舞型标题

励志鼓舞型标题一方面是利用用户想要获得成功的心理，另一方面则是巧妙掌握了情感共鸣的精髓，通过带有励志色彩的字眼来引起情感共鸣，从而成功吸引受众的眼球。

6.3.4 揭露解密，满足好奇

揭露解密型标题是指为受众揭露某件事物不为人知的秘密的一种标题。大部分人都会有好奇心和八卦心理，这种标题则恰好抓住用户的这种心理，传递一种莫名的兴奋感，充分引起用户的兴趣。

短视频运营者可以利用揭露解密型标题做一个长期的专题，从而达到一段时间内或者长期凝聚用户的目的。这种类型的标题比较容易打造，只需把握3大要点即可，如图6-11所示。

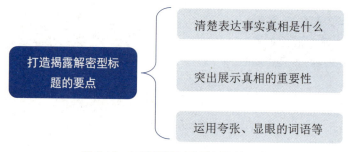

图6-11　打造揭露解密型标题的要点

揭露解密型标题，最好在标题中显示出冲突和巨大的反差，这样可以有效吸引用户的注意力，使用户认识到短视频内容的重要性，从而愿意主动点击查看。

图6-12所示为揭露解密型的文章标题，这两个短视频的标题都侧重于揭露事实真相，从标题上就做到了先发制人，因此能够有效吸引用户的目光。

揭露解密型标题和建议型标题有不少相同点，都提供了具有价值的信息，能够为用户带来实际的利益。当然，所有的标题类型实际上都是一样的，都带有自己的价值和特色，否则也无法吸引用户的注意。

6.3.5 视觉冲击，触动心灵

冲击力在短视频标题中有着独有的价值和魅力。冲击力，指带给人在视觉和心灵上的触动的力量，它是引起用户关注的原因所在。

在具有视觉冲击力的标题中，要善于利用"首次"和"比……还重要"等类似较具有极端性特点的词——因为受众往往比较关注那些具有特别突出特点

图 6-12 揭露解密型标题

的事物,而这两个词能充分体现其突出性,往往能带给用户强大的戏剧冲击感和视觉刺激力。

图 6-13 所示为一些带有冲击感的短视频标题案例。这两个短视频的标题就是利用"首次"和"比……更重要"这种较极端性的语言,来给用户造成了一种视觉,乃至是心理上的冲击。

图 6-13 带有视觉冲击的文案标题案例

6.3.6 悬念制造,"诱饵效应"

好奇是人的天性,悬念制造型标题就是利用人的好奇心。标题中的悬念是一个诱饵,引导用户查看短视频,因为大部分人看到标题里有没被解答的疑问和悬念,就会忍不住想弄清楚到底怎么回事。这就是悬念制造型标题的套路。

悬念制造型标题在日常生活中运用得非常广泛,十分受欢迎。人们在看电视、综艺节目的时候,也会经常看到节目预告之类的广告,这些广告就是采取这种悬念型的标题去引起观众的兴趣。利用悬念撰写标题的方法通常有4种,如图6-14所示。

图6-14 利用悬念撰写标题的常见方法

悬念制造型标题主要是为了增加短视频的可看性,因此,短视频运营者使用这种类型的标题,一定要确保内容确实是能够让用户感到惊奇、充满悬念的。不然就会引起用户的失望与不满,继而对你的内容,乃至账号感到失望。

悬念制造型的标题是短视频运营者青睐有加的标题形式之一,它的效果有目共睹。如果不知道怎么取标题,悬念制造是一个很不错的选择。

悬念制造型标题如果只是为了悬念,一般只能够博取大众1~3次的眼球,很难保留长时间的效果。如果内容太无趣、无法达到引流的目的,那就是一篇失败的文案,会导致营销活动也随之泡汤。

因此,在设置悬念时需要非常慎重,最好是有较强的逻辑性,切忌为了标题而忽略了文案营销的目的和文案本身的质量。图6-15所示为悬念制造型标题的典型案例。

图 6-15　悬念制造型标题的案例

6.3.7　借势热点，增加曝光

借势热点是一种常用的标题制作手法，借势不仅完全免费，效果还很可观。借势热点型标题是指在标题上借助社会上一些事实热点、新闻的相关词语来给短视频造势，增加播放量。

一般来说，事实热点拥有一大批关注者，传播的范围也非常广，借助这些热点，短视频的标题和内容曝光率会明显提高。在创作借势热点型短视频标题的时候，有如图6-16所示的一些技巧。

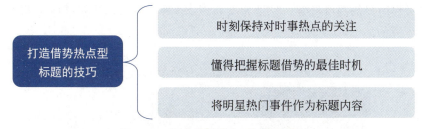

图 6-16　打造借势热点型标题的技巧

2019年国庆节，天安门举行了震撼人心的阅兵仪式，当天有很多官方账号发布了关于阅兵的视频，快速引来大量观众的热议，如图6-17所示。

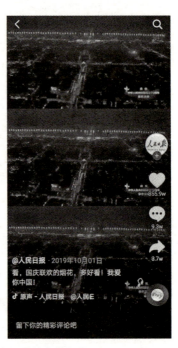

图 6-17 借助国庆阅兵热点的标题

在打造借势型标题的时候，要注意两个问题：一是带有负面影响的热点不要蹭，标题大方向一定是积极向上、充满正能量的，必须给到受众正确的思想引导；二是最好在借势型标题中加入自己的想法和创意，然后将发布的短视频与之结合，做到借势和创意的完美同步。

6.3.8 警示受众，令人深思

警示受众型标题是一种有力量且严肃的标题，通过标题给人以警醒作用，从而引起用户的高度注意，它通常会将以下3种内容移植到短视频标题中，如图6-18所示。

图 6-18 警示受众型标题包含的内容

警示受众型标题的撰写技巧，如图6-19所示。

```
                    ┌─ 寻找目标受众的共同需求
打造警示受众型       │
标题的技巧      ────┼─ 运用程度适中的警告词语
                    │
                    └─ 突出展示问题的紧急程度
```

图 6-19　打造警示受众型标题的技巧

在运用警示受众型标题时，需要注意运用的短视频是否恰当，因为并不是每一个短视频都可以使用这种类型的标题。

这种标题形式运用得恰当，能为短视频加分，起到其他标题无法替代的作用。运用不当的话，很容易让短视频用户产生反感情绪或引起一些不必要的麻烦。因此，短视频运营者在使用警示型新闻标题的时候要谨慎小心，注意用词恰当，绝对不能不顾内容胡乱取标题。

警示受众型标题可以应用的场景很多，无论是技巧类的短视频内容，还是供大众娱乐消遣的娱乐八卦新闻，都可以用到这一类型的标题形式。

如图6-20所示，为运用警示受众型标题的案例。第一个短视频中的"郑重

图 6-20　警示受众型标题

警告"是关键词,让用户一眼就锁定,从而对短视频产生兴趣;而第二个短视频中的"警惕",则既凸显了标题主旨,又吸引了受众的注意力。

选用警示受众型标题这一标题形式,主要是为了提升用户的关注度,大范围地传播短视频。警示的方式更加醒目,触及用户的利益。如果这样做会让你的利益受损,那么可能本来不想看的用户也会点击查看,因为涉及自身利益,而自身利益又是用户最关心的。

6.3.9 独家分享,"可圈可点"

独家分享型标题,就是标题所提供的信息是独有的珍贵资源,这会让用户觉得该视频值得点赞和转发。就用户的心理而言,独家分享型标题所代表的内容一般会给人一种自己率先获知别人所不知道的感觉,因而在心理上更容易获得满足。

在这种情况下,好为人师和想要炫耀的心理就会驱使用户转发短视频,让他们成为短视频潜在的传播源和发散地。

独家分享型标题会给用户带来独一无二的荣誉感,同时还会使短视频内容更有吸引力。这样的标题该怎么写?是直接点明"独家资源,走过路过不要错过",还是运用其他的方法来暗示用户这则短视频与众不同?

可以借助如图6-21所示的3点技巧来打造出夺人眼球的独家型标题。

图 6-21　打造独家分享型标题的技巧

使用独家分享型标题的好处在于可以吸引更多的短视频用户,让用户觉得短视频内容比较珍贵,从而主动宣传和推广,让短视频得到广泛传播。图6-22所示为独家分享型标题的典型案例。

独家分享型标题往往暗示文章内容的珍贵性,如果标题使用的是带有独家性质的形式,就必须保证短视频的内容也是独一无二的,独家性标题要与独家性内容相结合。

图 6-22 独家分享型标题的案例

6.3.10 紧急处理,快速行动

紧急迫切型标题有一种催促用户赶快查看短视频的意味,它能够给用户传递一种紧迫感。使用紧急迫切型标题时,往往会让用户产生现在不看就会错过什么的感觉。这类标题的打造技巧总结为3点,如图6-23所示。

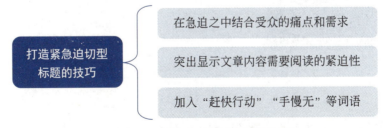

图 6-23 打造紧急迫切型标题的技巧

紧急迫切型标题是能够促使用户赶快行动起来,且切合用户利益的一种标题。图6-24所示为紧急迫切型标题的典型案例。

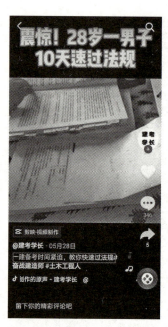

图 6-24　紧急迫切型标题的案例

6.3.11　数字具化，通俗易懂

数字具化型标题是指在标题中呈现出具体的数字，通过数字的形式来概括相关主题内容。数字不同于一般的文字，它会带给用户比较深刻的印象，与用户的心灵产生奇妙的碰撞。

采用数字具化型标题有如下 3 个好处，如图 6-25 所示。

```
                    ┌─ 有效提升短视频的点击率
数字具化型标题的好处 ─┼─ 生动形象，容易吸引注意力
                    └─ 突出重点，点明结构，一目了然
```

图 6-25　数字具化型标题的好处

数字具化型标题很容易打造，它是一种概括性的标题，只要做到 3 点就可以，如图 6-26 所示。

此外，数字具化型标题还包括很多不同的类型，比如时间、年龄等，具体来说可以分为 3 种，如图 6-27 所示。

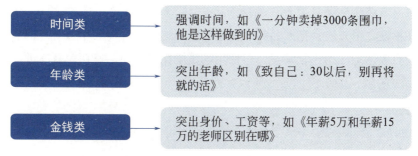

图 6-26　撰写数字具化型标题的技巧

时间类 → 强调时间，如《一分钟卖掉3000条围巾，他是这样做到的》

年龄类 → 突出年龄，如《致自己：30以后，别再将就的活》

金钱类 → 突出身价、工资等，如《年薪5万和年薪15万的老师区别在哪》

图 6-27　数字具化型标题的类型

数字具化型标题通常会采用悬殊对比、层层递进等方式呈现，目的是营造一个比较新奇的情景，使用户产生视觉上和心理上的冲击。图6-28所示为数字具化型标题的案例。

图 6-28　数字具化型标题的案例

事实上,很多内容都可以通过具体的数字总结和表达,只要把想重点突出的内容提炼成数字即可。同时要注意,在打造数字具化型标题时,最好使用阿拉伯数字,统一数字格式,尽量把数字放在标题前面。

6.3.12 观点表达,突出重点

观点表达型标题是以表达观点为核心,一般会在标题上精准到人,把人名镶嵌在标题之中,还会在人名的后面紧接着表达对某件事的个人观点或看法。

观点表达型标题比较常见,可使用的范围比较广泛,常用公式主要有5种,如图6-29所示。

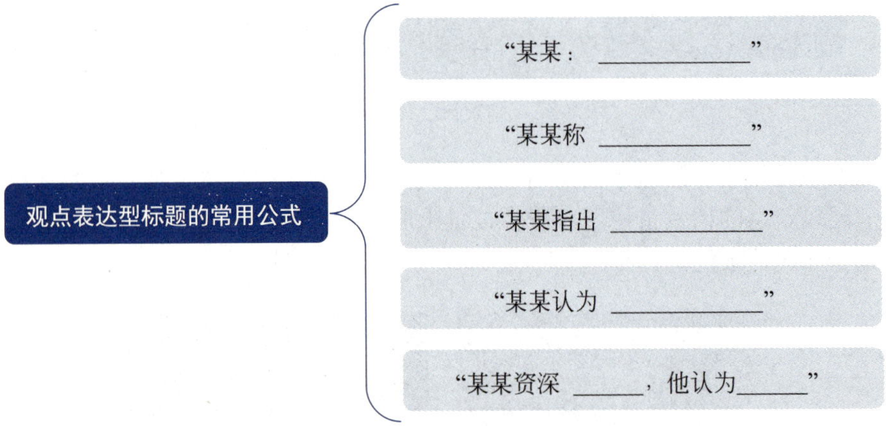

观点表达型标题的常用公式:
- "某某:＿＿＿＿＿"
- "某某称＿＿＿＿＿"
- "某某指出＿＿＿＿＿"
- "某某认为＿＿＿＿＿"
- "某某资深＿＿＿＿＿,他认为＿＿＿＿＿"

图 6-29 观点表达型标题的常用公式

当然,公式是一个比较刻板的东西,在实际操作中不可能完全照搬,只能说它可以为我们提供方向。撰写观点表达型标题时,有哪些经验技巧可以借鉴,哪些是值得我们学习和关注的?笔者总结了3点,如图6-30所示。

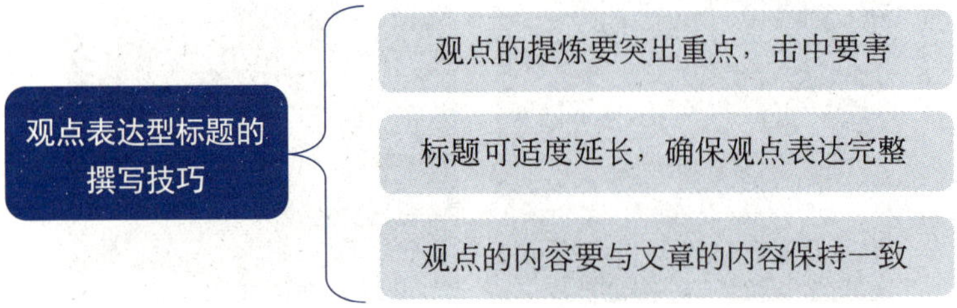

观点表达型标题的撰写技巧:
- 观点的提炼要突出重点,击中要害
- 标题可适度延长,确保观点表达完整
- 观点的内容要与文章的内容保持一致

图 6-30 观点表达型标题的撰写技巧

观点传达型标题的好处在于一目了然，"人物+观点"的形式能在第一时间引起受众的注意，特别是当人物的名气比较大时，用户对短视频表达的观点更容易产生认同感。

图6-31所示为观点表达型标题的案例，这两个标题分别将各自的观点进行了精确表达，以此来吸引用户的关注。

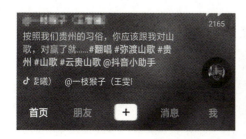 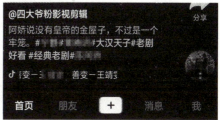

图 6-31　观点表达型标题的案例

6.4　活跃评论，打造方法

打造活跃的评论区主要可以起到两个方面的作用：一是增加与用户的沟通，做好用户的维护，从而更好地吸引用户关注账号；二是随着评论数量的增加，短视频的热度也将随之增加。这样一来，短视频将获得更多的流量，营销效果也会更好。打造活跃的短视频评论区有如下5种方法。

6.4.1　视频内容，引发讨论

许多用户之所以会对短视频进行评论，主要是因为他对短视频中的相关内容有话要说。针对这一点，短视频运营者可以在打造短视频时，尽可能选择一些能够引起用户讨论的内容。这样自然会让用户感兴趣，用户参与评论的积极性也会更高一些。

学习就是一个能够引起广泛关注的话题。在抖音短视频平台，很多视频运营者都会发布一些知识技巧类视频，供抖音用户观看和学习。如图6-32所示，运营者通过教用户怎么拍摄好看的视频，轻松获得17.5万的点赞。

图 6-32　通过短视频内容引起用户讨论

每个用户对于学习都有自己的看法，再加上看完短视频之后，心中有一些感触，因此纷纷发表评论。于是快速获得了超过2000条评论，该短视频也因此成了热门短视频。

6.4.2　设置话题，产生互动

有一部分人刷短视频时，会觉得打字有些麻烦。除非是自己感兴趣的话题，否则没有心情，也没有时间对短视频进行评论。为了更好地吸引这部分用户积极主动地评论，运营者可以在短视频中设置一些用户比较感兴趣的互动话题。

如图6-33所示，运营者以日常生活中我们都十分关心的师生关系为话题打造了一个短视频——老师该不该严厉管教学生。这种事情，当过学生或者家长的，都会有自己的想法。

看到这个话题之后，许多用户主动在评论区发表自己的意见，该短视频的评论在短期内超过了1万条。不难看出，设置互动话题对于引导用户主动评论的效果。

第 6 章
打磨文案的完全攻略

图 6-33　通过设置话题引导用户主动评论

其实每个人都是有表达需求的，只是许多人认为，如果话题自己不感兴趣，或者对于自己来说意义不大，就没必要浪费时间和精力。因此，运营者如果要想让用户积极地表达，就需要通过话题的设置先勾起其表达兴趣。

6.4.3　内容普遍，引发共鸣

运营者必须要明白，不同的内容能够吸引的用户是不同的。如果短视频运营者做的是专业的，但市场关注度不高的内容，那么有兴趣看的人会很少，能评论的更少。相反，如果运营者做的是用户普遍关注的，并且是参与门槛低的内容，那么有共鸣的用户自然就会对自己感兴趣的内容进行评论。

因此，运营者如果想让短视频获得更多的评论，可以从内容上下手，重点选择一些参与门槛低的内容，通过引发用户的共鸣来保障短视频的评论量。

图 6-34 所示为某短视频的播放和评论界面。该短视频中运营者分享和展示了自己的健身经历。因为健身是大家普遍关注的话题，许多用户也有健身计划或者正在健身。所以，该短视频发布后，很快就引发了许多用户的共鸣，评论

量在短期内实现了快速增长。

图 6-34　通过参与门槛低的内容引发共鸣

6.4.4　通过提问，吸引用户

相比于陈述句，疑问句更容易获得回应。这主要是因为陈述句只是一种陈述，并没有设计参与环节。而疑问句则把问题抛给了用户，这实际上是提醒用户参与互动。因此，在短视频文案中通过提问的方式进行表达，可以吸引更多用户回答问题，从而提高评论的量和评论区的活跃度。

例如，在图 6-35 所示的两则短视频中，运营者提出的问题都是日常生活里用户比较喜欢且常见的。

当短视频运营者对用户比较喜欢和常见的话题提问时，许多人会进行评论，表达自己的态度。如图 6-36 所示，这两则短视频的评论区也在短视频发布后的一段时间内，一直都保持着一定的热度。

第6章
打磨文案的完全攻略

图 6-35　用户喜欢且较常见的提问

图 6-36　短视频用户对自己关注的话题发表意见

6.4.5 场景回复，吸引目光

场景化的回复，简单理解就是结合具体场景做出的回复，或者能够通过回复内容想到具体场景的回复。例如，向用户介绍某种厨具时，应该对厨具的使用环境、使用的具体步骤和使用后的效果等内容进行说明，那么回复内容便场景化了。

相比于一般的回复，场景化的评论在用户心中构建起了具体的场景，用户看到回复时，更能清楚地了解产品使用后的效果。而大多数用户对于产品在具体场景中的使用又比较在意，因此，场景化的回复往往更能吸引用户的目光。

6.5 评论回复，注意事项

回复用户的评论很关键，回复得好，可能会为短视频带来更多的流量；回复得不好，则可能给账号带来一些黑粉。短视频运营者一定要了解回复用户评论的注意事项，并据此进行评论区的运营。

6.5.1 快速回复，获得好感

图 6-37　尽快对评论做出回复

当用户评论视频时，运营者一定要积极回复。这不仅是态度问题，还是获取用户好感的一种有效手段。短视频运营者可以重点做好两个方面的工作。

一是用户进行评论之后，尽可能快地做出回复，让用户觉得你一直在关注评论区的情况。图 6-37 所示为某短视频的评论区，可以看到运营者是在用户评论完之后的几分钟、十几分钟内迅速做出了回复。

二是尽可能多地对用户的评论做出回复，最好是能对每个评论都进行回复。这可以让被评论的用户感受到你对他的重视，运营者回复的评论越多，获得的粉丝就会越多。

图6-38所示为某短视频的评论区，可以看到，该短视频的运营者尽可能地在对每个评论都做出回复。该短视频运营者针对不同用户的评论，回复的内容都是不一样的，重复度比较低。这种回复收到的效果会很好，因为这会让用户觉得你是在真心回答他的问题，而不是敷衍。

图 6-38　尽可能对每个评论都进行回复

6.5.2　细致回应，用户观点

在对短视频评论进行回复时，既要注意"量"（回复的数量），也要注意"质"（回复的质量）。

高质量的回复应该是建立在认真回复用户观点基础上的。如果你的回复与用户的评论风马牛不相及，用户会觉得你是在敷衍他。因此，对于这种没有质量的回复，大部分用户不会买账。其实，要保证回复内容的质量也很简单。其中一种比较有效的方法就是针对用户评论中的重点内容进行评论。

图6-39所示为某短视频的评论界面。该运营者抓住用户对视频的理解，很恰当地进行信息回复。这种回复能够很好地保障回复内容与用户关注重点的一致性，回复质量总体来说比较高。

图 6-39 认真回复用户的观点

6.5.3 寻找话题，继续讨论

若用户对某些短视频中的话题不太感兴趣，运营者可以通过评论区来寻找话题，让更多用户参与到话题中，从而能够继续评论下去。

在评论区寻找话题的方法有两种，一种是运营者主动创造话题。图6-40所示的短视频评论界面，该运营者分享了某个电视剧片段，想邀请用户进入直播间创造新的话题。

图 6-40 主动创造新话题

另一种是通过用户的评论挖掘新话题。当用户对某个话题普遍比较感兴趣时，运营者可以将该话题拿出来，让所有用户共同讨论。

6.5.4 语言幽默，吸引点赞

语言的表达是有技巧的，有时候明明是同样的意思，但是因为表达方式的不同，最终产生的效果会产生很大的差异。通常，风趣的语言表达会比那些毫无趣味的表达更能吸引用户的目光，也更能获得用户的点赞。

因此，在回复用户评论时，运营者可以尽量让自己的表达风趣一些。

图6-41所示为某短视频的评论界面，可以看到该运营者回复的语言比较风趣，用户看到运营者的回复之后纷纷用点赞来表达自己的态度。

图 6-41　用风趣的语言吸引点赞

6.5.5 制造问题，活跃气氛

提问增加用户的评论意愿这一点，不只适用于短视频文案，在评论区文案的编写中也同样适用。

相比于在短视频文案中提问，在评论区提问，有时候获得的效果更好一些。这主要是因为用户如果需要查看评论，或对短视频进行评论，就需要进入短视频的评论区。

而短视频运营者的评论和回复内容又带有"作者"的标志，所以，用户一眼就能看到运营者的重要评论和回复内容。运营者如果在评论区提问，提问内容会被大部分人看到。在这种情况下，如果用户对你提问的内容感兴趣，就会积极回答。这样一来，评论区的活跃度便得到了提高，评论区的气氛也会变得更加活跃。

图 6-42 所示为某短视频的评论界面，可以看到该运营者通过提问的方式吸引用户回答问题，从而活跃评论区气氛。

图 6-42 通过提出问题活跃气氛

6.5.6 重视细节，转化粉丝

俗话说得好："细节决定成败！"如果短视频运营者在运营过程中对细节不够重视，用户就会觉得你不够认真，很敷衍。这种情况下，粉丝很可能会快速流失；相反，如果运营者对细节足够重视，用户就会觉得你在用心运营，会更愿意成为你的粉丝。

图 6-43 所示为某短视频的评论界面。这是一条美食制作的视频，许多用户直接评论说自己想学习制作其他美食，运营者便答应了用户的要求。用户看到运营者回复"安排"两字之后，会感受到善意，并因此选择关注该账号，这样便实现了粉丝的转化。

除了满足用户需求之外，通过细节认真回复用户的评论，让用户看到你在用心运营，也是一种转化粉丝的有效手段。

图6-44所示的短视频评论中，运营者在回复评论时，从一些细节做出了回复，不仅解答了用户的疑惑，还显示了自身的专业性。因此，许多用户看到运营者的回复之后，会直接选择关注该账号。

图6-43　通过表示感谢转化粉丝

图6-44　通过认真回复转化粉丝

6.5.7　面对吐槽，切勿互怼

对于喜欢吐槽，甚至是言语中带有恶意的人，运营者一定要有良好的心态。千万不能因为这些人的不善而与其互怼，这也是一种素质的表现。这种素质有时候能让你成功获取用户的关注。那么，在面对用户的吐槽时，要如何进行处理呢？在这里，笔者给大家提供两种方案。

一种是用幽默的话语面对吐槽。在回复短视频用户评论的同时，让其感受到你的幽默感。

图6-45所示为某短视频的评论，因为作者使用钢丝球的做法不正确，有些短用户便在评论区吐槽。而运营者看到这些评论，不仅不生气，反而用比较幽默的表达积极回复。许多原本带有恶意的用户，在看到其回复之后，也不禁生出一些好感。

图 6-45　用幽默的回复应对吐槽

另一种是对于恶意的吐槽，直接选择不回复，避免造成语言上的冲突。图 6-46 所示的评论界面中，部分用户的评论是带有恶意的，而该短视频的运营者在看到这些评论之后，就直接选择了不回复。

图 6-46　对于恶意吐槽选择不回复

在实际操作时，运营者可以将两种方案结合使用。比如，吐槽比较多时，用幽默的表达回复排在前几位的评论，排在后面的选择不回复。

6.5.8　做好检查，减少错误

运营者在回复用户的评论时，要做好回复内容的检查工作，尽可能减少错误,这一点很重要。因为如果回复出现了错误,用户会觉得运营者不够用心。

运营者在检查回复内容时,要重点做好两项检查:一是文字,二是符号。

图6-47所示为某短视频的评论界面。可以看到运营者在回复用户消息时,把"在干了"回复成"在肝了",这是很明显的文字错误。

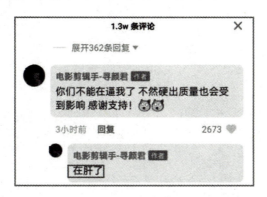

图 6-47　文字错误

再来说符号。图6-48所示的评论界面,运营者回复的内容全部连在一起,没有用标题符号进行断句,文字也出现了错误。用户可能都不太能理解作者的意思。这样的回复有什么意义呢?

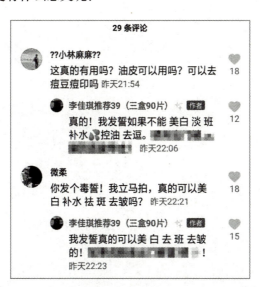

图 6-48　符号问题

企业短视频攻略：
账号运营+文案编写+引流涨粉+带货卖货

第 7 章

平台引流，获取粉丝

一个账号做好了平台引流，会获得大量的粉丝，会给你的账号带来巨大的流量，这样的账号就变得非常有价值。

本章主要讲述怎样进行账号引流、引流有哪些方法和引流需要注意的事项有哪些。

7.1 抖音引流，方式简单

互联网变现的公式是流量=金钱。因此，只要你有流量，变现就不再是难题。以坐拥庞大流量的主流平台抖音为例，抖音运营者只需要掌握一些简单的运营小技巧，就可以做好抖音号的引流，拥有自己的流量池。

7.1.1 坚持原创，吸引流量

抖音运营者要想利用短视频流量进行变现，原创引流是最好的选择。可以把制作好的原创短视频发布到抖音平台，同时在账号资料部分吸引免费流量，如名字、个人简介等地方，都可以留下联系方式，如图7-1所示。

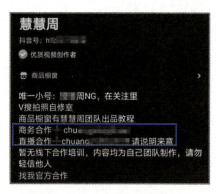

图 7-1 在账号资料部分进行引流

注意，不要直接标注"微信"两个字，可以用拼音简写、同音字或其他相关符号来代替。原创短视频的播放量越大，曝光率越大，引流的效果也就会越好。

抖音上许多年轻用户偏爱热门和创意有趣的内容。在抖音官方介绍中，鼓励的视频有两方面：一是场景、画面清晰；二是记录自己的日常生活。内容一定是健康向上的，同时还要具备多人类、剧情类、才艺类、心得分享、搞笑等多样化内容，不拘于一个风格。抖音运营者在制作原创短视频时，一定要记住这些原则，以便让作品获得更多推荐。

7.1.2 利用功能，推荐引流

DOU+作品推广功能，是一种给短视频加热，并让更多用户看到短视频的功能。简单的理解，其实就是通过向抖音平台支付一定的费用，花钱去买热门，以此来提高短视频的曝光率。有两种使用DOU+作品推广功能的方法：在个人主页使用和在视频播放页使用。

（1）个人主页使用

在个人主页使用DOU+作品推广功能的步骤具体如下。

◆步骤01 登录抖音短视频App，进入"我"界面。点击界面中的■按钮，在弹出的对话框中点击"更多功能"，就会弹出"生活服务"和"拓展功能"页面，选择"拓展功能"中的"DOU＋上热门"选项，如图7-2所示。

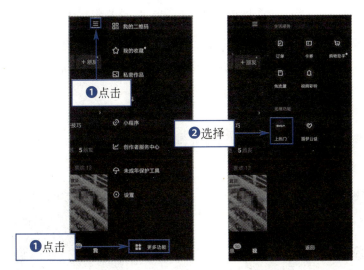

图7-2 选择"DOU＋上热门"选项

◆步骤02 操作完成后，进入如图7-3所示的"DOU＋上热门"界面，在该界面中点击需要上热门的视频下方的"上热门"按钮。

图7-3 "DOU＋上热门"界面

> **步骤03** 操作完成后,进入"速推版"界面。"DOU＋上热门"有两种方式可以选择,即"速推版"和"定向版"。该界面中,我们可以查看被推广视频的相关信息和"DOU＋"的预期效果等。只需点击"支付"按钮,支付相应的费用,就可以将短视频推上热门,提高其传达率。

（2）视频播放页使用

除了在个人主页界面使用之外,"DOU＋"作品推广功能还能在视频播放页使用,具体步骤如下。

> **步骤01** 打开需要推广的短视频,点击界面中的 ••• 按钮,如图7-4所示。

> **步骤02** 操作完成后,界面将弹出一个对话框,点击对话框中的"上热门"按钮,如图7-5所示。

图7-4　点击 ••• 按钮　　　　图7-5　点击"上热门"按钮

> **步骤03** 操作完成后,进入"DOU＋"作品推广界面,如图7-4所示。抖音运营者只需根据提示支付对应的费用,便可以借助"DOU＋"作品推广功能进行推广引流了。

7.1.3 植入广告,投放信息

抖音运营者可以在抖音信息流广告中插入链接,通过视频内容营销,吸引粉丝点击直接跳转到淘宝、天猫等网店或者电商功能页面,用户可以直接下单购买相应的产品或服务,一站式完成店铺的引流和转化,如图7-6所示。

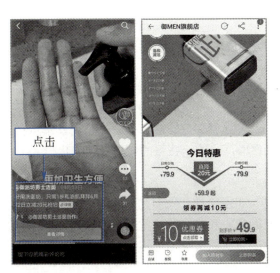

图 7-6　信息流广告直接跳转至下单界面

这种卖货的操作比较简单，只需要运营者开通一个抖音信息流广告，并充值广告费，即可在抖音信息流中推广自己的店铺产品。

当然，还有一些基本要求，包括企业营业执照、商标证书或授权、淘宝企业店或者天猫店等网店渠道。抖音后台会自动统计流量数据，如展现量、点击量、点击率等，运营者可以根据这些数据来优化调整广告计划。

7.1.4　5个技巧，做好引流

我们在刷短视频时，只要看到有趣的内容，就会点进评论区看看别人有什么观点和想法，有时自己还会评论。所以说，做好评论区运营是获得粉丝的最好途径，在评论区与用户积极互动有如下5个技巧。

（1）与粉丝成为好朋友

在做短视频运营时，粉丝都是慢慢积累起来的，当积累到一定的数量，就可以和粉丝成为朋友。因为只有建立了良好的关系，粉丝才乐意观看你的视频。当粉丝觉得你很关注他们时，就会帮助你推广视频，从而使你获得更多的粉丝。

为什么一定要和粉丝成为朋友？难道不可以持续吸引其他的新粉丝吗？我相信这是很多运营者会想到的问题。

笔者认为，只有牢牢掌握了初期的粉丝，评论区才会有亮点。因为很多老粉丝对你比较了解，你发布的视频他们会给予好评和转发，当新用户看到你的评论区全是好评时，很可能会选择关注你。

所以说，账号运营的前期，运营者一定要跟自己的粉丝成为好朋友。做任何事情，打好基础都是最关键的，没了粉丝基础，以后难以吸引更多的粉丝，短视频运营也会越来越艰难。

笔者之前有一个账号，一开始的粉丝数量只有几百个，并且很难吸引新的粉丝，笔者就换了一种运营思路，和里面每一个粉丝都进行交流，然后和他们成为朋友，过了一段时间，这个账号的粉丝量就有几千了。

（2）解决粉丝的难点和痛点

当你和粉丝成为朋友之后，你们之间的联系就十分紧密了，这时候，运营者可以去解决粉丝的难点和痛点。粉丝在评论区问你问题，如果你的回复没有起到什么作用，你的粉丝就会觉得你不太在意他，他们就会去找可以帮助他们解决问题的运营者。

在回复粉丝的评论时，一定要记住回复的内容必须仔细具体，只有你耐心解决了粉丝们的问题，他们才会愿意添加你的微信，才能转化成永久的粉丝。

建议运营者尽量去解答大家最关心的话题。因为你解答了用户最在意的内容，就会吸引更多的粉丝，就会有更多的人前来提问，这样你的评论区会一直处于活跃状态。

笔者认为，只有解决好了粉丝的痛点和难点需求，才会不断刺激更多粉丝进行评论。并不是说每个人的评论都要进行回复，因为没有足够的精力和时间，你可以回复与粉丝利益最相关的评论。

（3）通过话术引导用户

通过话术引导用户进行观看和评论，是运营者必须掌握的一项技能。

应该用怎样的话语引导呢？这里给大家一个建议，就是别人问你问题时，你可以采取反问的形式，比如对方说：怎样才能有效入睡？你可以回复：你为什么不能睡着呢？是遇到什么烦心事吗？等，这样就会引导用户二次评论。

笔者建议大家不要一次性解答用户所有问题，都解决了，他可能就不会再进行评论了，但如果采用反问的形式，就会吸引用户二次评论，甚至是三次评论，评论区的评论量就会越来越多。官方平台也会给你的视频更多推荐。在观看评论的过程中，视频可能已经播放了很多遍，这就增加了完播率，也增加了视频的播放量。

当评论区的评论量很高时，一些没有评论的用户会陷入你的评论区，如果你的评论区特别精彩，会刺激更多用户关注你的账号，甚至也会进行评论。这样，你会发现评论区额外增加了很多用户的评论，点赞量也增加了。

如果打造的是矩阵号，还可以通过话术引导其关注其他账号或观看其他视频。总而言之，在评论区进行话术引导，会收获更多的粉丝和流量。

（4）通过评论显示专业度

运营者在回复评论时，一定要凸显自己的专业度，只有这样才能获得用户的信任。如果你回复的内容一点都不专业，甚至还是错误的，粉丝是不会持续关注你的。

图7-7所示为某视频的部分评论，许多用户在看到视频作者这句回复之后，觉得这是一个比较专业的人，因为他专业地解答了用户的问题。会有很多用户被作者的专业评论吸引，并成为该抖音号的粉丝。

图 7-7　通过专业评论引流增粉

（5）设置引诱点引导粉丝

什么叫引诱点？就是用户比较感兴趣的事物，运营者可通过设置引诱点，引导粉丝添加自己的微信。给大家举个例子，你制作了一条美食的视频，视频中提到自己私下还有一个美食交流群，群里每天会有人分享一些美食的制作方法，甚至还会有专业的厨师进行讲解，这会吸引更多的用户添加你的微信。

我们通过引诱点吸引更多粉丝后，可以进一步进行转化，让粉丝关注你的微信公众号，这也是一种强有力的转化机制。我们设置引诱点的最终目的就是吸引更多粉丝，然后把这些粉丝永久转化，只有这样，才能实现流量的长期变现。

7.1.5　4个原则，评论互动

很多运营者认为在评论区与用户互动时，可以随意交流，不需要注意什么，这种想法是不正确的。给大家总结了4大原则，教你如何在评论区表现自己。

（1）特点鲜明

一般来说，运营者都不太在意用户的评论，如果兴致来了，就随意回复一句。笔者认为，这样的评论互动很多用户是不买账的，他们甚至对你以后的视频不再感兴趣，或者就直接取消关注。在这里，建议运营者一定要耐心细致地回复用户的评论，并且回复的内容要有自己的特色，语言要鲜明立体，立意要准确，这样才会引起用户的持续关注。

(2)解决需求

在回复用户评论时，要认真思考用户是否有需求，如果发现了他的某个需求，可以在回复的内容中给他一点建议，并解决他当时的困惑和难点。这样你在用户心里就有了一定的地位，用户认为你可以解决他的痛点，就会持续关注你，甚至还会引来更多粉丝。

(3)实现增粉

怎么在评论区吸引别的用户来关注你呢？这是需要技巧的。

比如，你看到某个人在抖音平台分享自己的减肥方法，你可以说这个人的减肥方法和你视频中的有点偏差，这样就会有用户被刺激到，从而选择去看你的视频，也能吸引别人加你微信，这样就收获了额外的粉丝。

(4)注重感受

运营者必须注重用户的感受，因为只有站在用户的角度，才能清楚用户想要什么。很多运营者都能很好地为用户考虑问题、解决问题，因此，他们拥有庞大的粉丝群体，得到了很多用户的喜爱。

你发布的视频并不是每个人都喜欢看，有的用户会在你的评论区评头论足，甚至会恶意评论，这时候，你需要怎么做？运营者需要有良好的心态，不要直接怼回去，因为你的视频满足不了所有人的口味，总会有几个人不喜欢的。

要想做好短视频的运营，就要承受很多压力，这些压力大多来自用户，但你换位思考一下，从用户角度出发，也许就不会有太多的顾虑。

7.1.6 搭建团队，矩阵引流

图 7-8 "恋与白侍从"的抖音矩阵打造

抖音矩阵就是通过多个账号的运营进行营销推广，从而增强营销的效果，获取稳定的流量池。抖音矩阵可分为两种，一种是个人抖音矩阵，即某个抖音运营者同时运营多个抖音号，组成营销矩阵；另一种是多个具有联系的抖音运营者组成一个矩阵，共同进行营销推广。

例如，"恋与白侍从"便是借助抖音矩阵打造了多个账号，且每个抖音号都拥有一定数量的粉丝，如图 7-8 所示。

7.1.7 垂直行业，线下引流

如果抖音运营者拥有自己的线下店铺，或者有跟线下企业合作，建议大家一定要做POI认领（"信息点"在地理系统中，一个POI可以是一栋房子、一个商铺），这样可以获得一个专属的地址标签，只要能在高德地图上找到你的实体店铺，认证后即可在短视频中直接展示出来，这样既方便用户查找，又能为自己的账号引流，如图7-9所示。

抖音运营者在上传视频时，如果给视频进行定位，则在红框位置显示定位的地址名称、距离等基本信息，用户点击定位后，直接就可以跳转到"地图打卡功能页面"，该页面能够显示地址的具体信息和其他用户上传的与该地址相关的所有视频，如图7-10所示。

图7-9 在视频中展现地址

图7-10 地图打卡功能页面

运营者可以通过POI页面，搭建与附近粉丝直接沟通的桥梁，并向他们推荐商品、优惠券或者店铺活动等，这样的方式能有效为线下门店导流，同时能够提升转化效率。

7.2 如何实现快速涨粉

涨粉是众多抖音运营者追求的目标之一，本节就来介绍快速涨粉方法。

7.2.1 "高潮"前置，抓住用户

抖音的内容非常丰富，很多用户对于看到的内容会比较挑剔。如果视频不能从一开始就吸引用户，他很可能就会选择直接划过。

针对这种情况，我们不妨采用"高潮"前置法，把一些能吸引目光的内容放在视频的开头，在视频的前3秒就抓住用户的目光，从而让其有看完视频的兴趣。第一印象非常重要，在一开始就要抓住用户的眼球，才能留住用户。

举个例子，下面这两条视频，运营者把电影的高潮镜头在前3秒便全部展示出来，以此来吸引用户持续观看，这样就能快速涨粉，如图7-11所示。

图 7-11 用"高潮"前置法抓住用户目光

7.2.2 借势热点，吸引客户

相比于一般内容，热点内容拥有一定的受众基础，通常更容易获得大量用户的关注。抖音运营者可以根据这一点，巧妙借势热点，打造与热点相关的短视频，从而实现快速涨粉。

比如，2020年6月，随着电视剧《隐秘的角落》的热播，许多人开始讨论。此时，运营者就可以根据该电视剧的内容或者剧中的人物表达自己的观点，从而通过引起用户的共鸣，实现快速增粉，如图7-12所示。

图7-12 巧妙借势热点快速增粉

7.2.3 抖音工具，巧妙运用

抖音官方会不定期推出一些小工具，特别是一些特色特效。每当一种趣味特效推出时，许多人就会使用该工具拍摄短视频。如果运营者用好了这些特效，就能和用户打成一片，实现快速涨粉。

比如，2020年6月，抖音官方推出了变身漫画的特效。使用该特效之后，视频中的人物会变成动漫形象，让人觉得非常好看又有趣，如图7-13所示。这一特效吸引了很多人参与,有不少运营者利用该特效吸引了众多用户的关注,增添粉丝。

图 7-13　巧妙运用抖音工具快速增粉

7.2.4　设置话题,树立标签

话题和挑战赛就相当于视频的一个标签。在查看一个视频时,部分用户会将关注的重点放在查看视频添加的话题上,还有部分用户会直接搜索关键词或话题。

这里介绍两种方法设置抖音话题和挑战赛,一种是在短视频中添加话题;另一种是主动开展和组织话题。

(1)在短视频中添加话题

每一个话题都相当于短视频的一个标签,如果运营者能够在视频的文字内容中添加一些话题,便能吸引部分对该话题和标签感兴趣的用户,从而起到一定的引流作用。运营者在视频中添加话题时可以重点把握以下两个技巧。

① 尽可能多地加入与视频中商品相关的话题,如果可以的话,在话题中

指出商品的特定使用人群，增强营销的针对性。

② 尽可能以推荐的口吻编写话题，让用户觉得你不是在推销商品，而是在向他们推荐实用的好物。例如，图7-14所示的两个案例便很好地运用了上述两个技巧。不仅加入的与视频中商品相关的话题多，而且话题和文字内容中营销的痕迹比较轻，这样就能让用户觉得很真实。

图 7-14　积极添加话题增强视频热度

（2）主动开展和组织话题

除了在短视频中添加话题，还可以通过主动开展和组织话题实现快速涨粉。当然，要想让自己开展和组织的话题能快速吸引用户，还得给出一些奖励和福利才行。所以，开展和组织话题这种涨粉方式，通常比较适合拥有一定影响力的蓝V企业号。

比如，广州王老吉大健康产业有限公司，便借助蓝V企业号开展和组织了"越热越爱走出去"的话题活动，并根据这个话题拍摄了一个用于展示的短视频，如图7-15所示。该话题推出之后，快速吸引了大量用户的参与，很多抖音短视频运营者都纷纷发布了自己拍摄的视频。与此同时，"王老吉"这个抖音号也借助该活动获得了一批粉丝。

图 7-15　主动开展和组织话题

7.3　积累粉丝，收获流量

运营者如果想长期获得精准的流量，必须不断积累粉丝，将短视频吸引的粉丝导流到微信平台，把这些精准的用户圈养在自己的私域流量池中，并通过不断的导流和转化，让流量池中的水"活"起来，更好地实现变现。

7.3.1　微信平台，导流强大

2020 年 1 月 9 日微信官方发布的《2019 微信数据报告》显示，截至 2019 年 9 月，微信月活用户达到 11.51 亿，比去年同比增长 6%。这些数据表明，微信不仅有为数众多的用户使用率，其消息触达率也非常高。对于如此庞大的流量平台，运营者一定要利用好微信来沉淀流量和维护粉丝。

抖音运营者可以在抖音、快手、今日头条、淘宝以及各直播平台中，在个人简介或者内容中透露微信，并且通过一定的利益来吸引粉丝添加，如红包、抽奖、优惠券、赠品或者新品抢购等。

运营者通过各种福利不仅可以引导用户分享，形成裂变传播，还能在微信平台上深度沉淀用户，对他们进行二次甚至多次营销，将收获的流量反哺到自己的店铺中，这些精准流量带来的转化率是非常可观的。

因此，打造一个"短视频（引流）→微信（导流）→店铺（变现）"的商业闭环，对于电商运营来说是刻不容缓的，它可以将单个流量的价值成倍放大，以此来获得长久的精准用户。电商运营者的常用微信吸粉方法主要有5种，如图7-16所示。

图 7-16 微信吸粉技巧

7.3.2 二次转化,微信互推

抖音运营者在平台上发布优质视频后,会获得大量粉丝,运营者可以把这些粉丝导入微信,通过与微信平台的互推导流,将流量沉淀,获取源源不断的精准流量。这样的方式既降低流量获取成本,又实现粉丝效益的最大化。

（1）抖音名称展示微信号

在抖音名称中设置微信号是抖音早期常用的导流方法,如图7-17所示。但如今由于今日头条和腾讯之间的竞争非常激烈,抖音对于名称中的微信审核也非常严格,因此,运营者在使用该方法时需要非常谨慎。

图7-17 在账号资料部分进行引流

抖音个人名字设定的基本技巧,如图7-18所示。

```
                   ┌─ 一定要凸显出自己账号的特色,要能准确定位视频的
                   │   内容
    名字设置技巧 ──┤
                   │
                   └─ 符合自身的人设,一定要真实、有趣、充满着强大的
                       正能量,能够很好地表达出情感
```

图7-18 抖音个人名字设定的基本技巧

（2）账号简介展示微信号

抖音的账号简介通常是简单明了，主要原则是"描述账号+引导关注"，基本设置技巧如下：前半句描述账号特点或功能，后半句引导关注微信；账号简介可以用多行文字，但一定要在多行文字的视觉中心出现引导加微信的字眼；用户可以在简介中巧妙地推荐其他账号，但不建议直接引导加微信。

在抖音主页简介中展现出微信号是账号引流非常有效的方法，这样方便想加微信的用户快捷地添加，同时简介里的信息可以随时修改。用户的原创短视频播放量越大，曝光率越大，引流的效果就越好。

（3）抖音号中展示微信号

抖音号跟微信号一样，是其他人能够快速找到你的一串独有的字符，位于个人名字的下方。运营者可以将自己的抖音号直接修改为微信号。但是，抖音号只能修改一次，一旦审核通过就不能修改了。所以，抖音运营者修改前一定要想好，这个微信号是否是你最常用的那个。

（4）背景图片中展示微信号

背景图片的展示面积比较大，容易被人看到，因此在背景图片中设置微信号的导流效果也非常明显，如图7-19所示。

图7-19　在背景图片中设置微信号

（5）个人头像中展示微信号

抖音号的头像都是图片，在其中透露微信号，系统不容易识别，但头像的展示面积比较小，需要点击放大后才能看清楚，因此导流效果一般。

需要注意的是，抖音对于设置了微信号的个人头像管控非常严格，运营者一定要谨慎使用。抖音号的头像需要有特点，必须展现自己最美的一面，或者展现企业的良好形象。

运营者可以进入"编辑个人资料"界面，点击头像即可修改，有两种方式，分别是从相册选择和拍照。另外，在"我"界面点击头像，不仅可以查看头像的大图，还可以对头像进行编辑操作，抖音头像设定的基本技巧如下。

① 一定要清晰；

② 个人人设账号一般使用主播肖像；

③ 团体人设账号可以使用代表人物形象或者使用公司名称、LOGO等标志。

（6）短视频中展示微信号

主要方法是在短视频内容中透露微信，可以由主播自己说出来，也可以通过背景展现出来，只要这个视频能火爆，其中的微信号也会随之得到大量曝光。

例如，下面这个护肤的短视频，通过图文介绍了一些护肤技巧，最后展现了主播自己的微信号来实现引流，如图7-20所示。

图7-20 在视频内容中透露微信号

需要注意的是，最好不要直接在视频上添加水印，这样做不仅影响观看体验，而且会不能通过审核，甚至会被系统封号。

7.3.3 维护平台,深度沉淀

微信不仅能够帮助运营者吸粉,还可以帮助他们更好地维护抖音等短视频平台的粉丝。粉丝维护,可以提高黏性,实现裂变以及引导转化,让流量持续变现。

(1)提高粉丝活跃度

运营者可以在微信中开发一些营销功能,如签到、抽奖、学习或者在线小游戏等,提高粉丝参与的积极性。在一些特殊的节假日期间,运营者还可以开发一些微信吸粉H5活动,来提升粉丝活跃度以及快速拉新。

在制作微信吸粉H5活动时,"强制关注+抽奖"这两个功能经常会组合使用,同时可以把H5活动二维码插入到微信文章中,或者将活动链接放入"原文链接"、公众号菜单中以及设置关注回复等,让用户关注后就能马上参与。

同时,制作好关注抽奖H5活动后,还需要使用一定的运营技巧,才能实现粉丝增长,如图7-21所示。

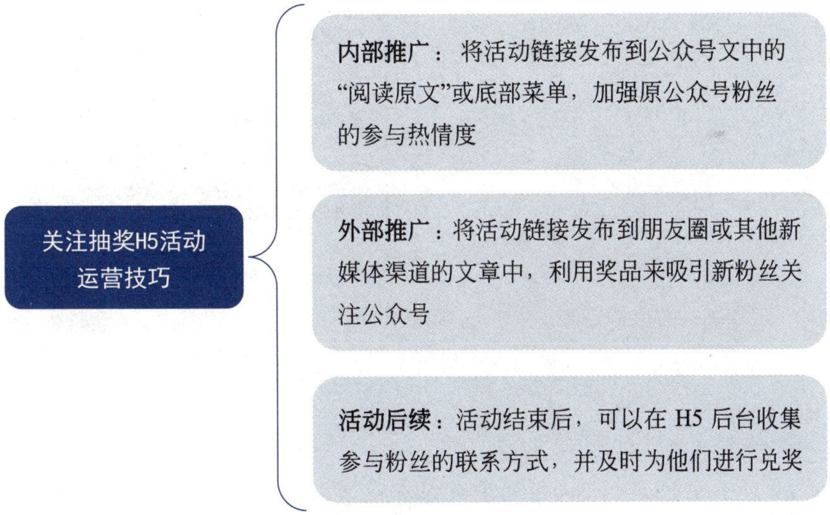

关注抽奖H5活动运营技巧

- **内部推广**:将活动链接发布到公众号文中的"阅读原文"或底部菜单,加强原公众号粉丝的参与热情度
- **外部推广**:将活动链接发布到朋友圈或其他新媒体渠道的文章中,利用奖品来吸引新粉丝关注公众号
- **活动后续**:活动结束后,可以在H5后台收集参与粉丝的联系方式,并及时为他们进行兑奖

图 7-21 关注抽奖 H5 活动运营技巧

(2)提高粉丝黏性

不管是电商、微商还是实体门店,都可以将微信和朋友圈作为自己的主要营销平台,其有效性是不容置疑的。所以,运营者完全可以借鉴这些有效的方法和平台,在微信公众号或者个人微信朋友圈中发送营销内容,培养粉丝的忠诚度,激发他们的消费欲,同时还可以通过一对一的微信私聊解决粉丝的问

题，提高用户与运营者间黏性。

在运营粉丝的过程中，基于短视频内容定位进行微信内容的安排，需要运营者做好微信平台的内容规划，这是保证粉丝运营顺利进行下去的有效方法。

例如，微信公众号"长沙市招聘信息"就对微信平台的内容进行了前期规划，并在公众号简介中进行清楚呈现，发送的图文也始终围绕这一定位来进行，如图7-22所示。

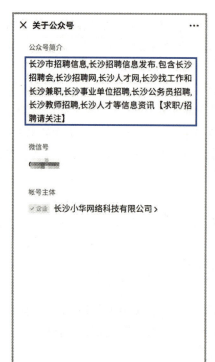

图 7-22　微信平台的整体内容规划

（3）管理维护粉丝

大部分运营者都会同时运营多个微信号来打造账号矩阵，但随着粉丝数量的不断增加，管理这些微信号和粉丝就成了一个难题，此时运营者可以利用一些其他的营销工具，如微伴侣、精准客源等。

微伴侣是一款专为管理微信而打造的实用软件工具，用户可以使用此款软件，轻松管理微信内的好友以及消息等。它还支持微商的一键推广、自动加粉、粉丝清理等，让手机社交更加方便。如图7-23所示为微伴侣软件包含的各种功能。

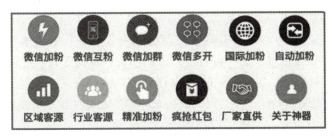

图 7-23　微伴侣的众多功能

7.3.4　微信引流，实现价值

抖音运营者同样也是商人，转化率是一个非常重要的数据，没有转化，再多的流量也是无效的，因此，运营者需要打造高转化的成交场景，其中，微信红包就是一种不错的营销工具。

运营者在微信上引流时可以在H5活动中加入微信红包，并制作成邀请函，不但可以极大增加对用户的吸引力，还可以让用户得到切实的好处。

腾讯在微信上推出了一种连接线上线下的活动营销工具——微信卡包，抖音运营者可以通过这个功能更好地向用户推广促销活动，打造O2O消费闭环，如图7-24所示。

图 7-24　微信卡包

微信卡包功能可以与抽奖等互动游戏相结合，将卡包作为游戏奖品分发给用户。通过这种营销形式，不但运营者可以快速有效且低成本地完成促销活动，粉丝还能获得更多实惠，促进他们进店消费，从而提升店铺转化率。

PC时代奉行的是"流量为王"，而移动互联网时代的主要特征是"流行即流量"，通过短视频、H5等内容来让产品或品牌变成流行，从而增强它们对用户的影响力和吸引力，形成口口相传的流行氛围，刺激粉丝的消费欲望，让浏览变成购买。

随着今日头条、抖音、微信以及微博等各种社交平台和短视频应用的兴起，抖音运营者获取流量的渠道也越来越多。但是，一旦这些平台打败竞争者，成长为垂直领域的"独角兽"后，运营者获取流量的成本就会变得非常高。

如何才能低成本获得长久的流量？重点就在于维护好老客户。把从抖音等平台用短视频吸引的精准流量，导流到自己的流量池中，再通过营销、管理、维护和转化等，让他们成为你的忠实粉丝，打造私域流量，为你带来长久的效益。

7.4 4种活动，助推增粉

抖音上大部分的热门视频都是通过热门活动打造出来的，因为热门活动能吸引用户的注意力，一些运营者就利用这一点实现了增粉。下面给大家总结了4种比较热门的活动。

7.4.1 舞蹈挑战，打破印象

舞蹈是深受当代年轻人喜欢的运动方式，抖音官方平台利用这一点，发布了舞蹈挑战赛。但很多人会有疑问，自己的账号并不是做舞蹈类的，要怎么做舞蹈挑战赛呢？建议大家利用自身特色去跳一段舞蹈，然后把这个舞蹈作为素材嵌入到你的视频中去。

如图7-25所示，为一个帅气男孩参与舞蹈挑战赛的一条视频。他将自己跳的舞蹈以视频的形式展示出来，让用户通过观看来学习舞蹈。因此，他吸引了很多用户的关注，这条视频也在短时间内获得3.8万点赞。

7.4.2 音乐挑战，制造爆点

音乐同样是当代年轻人不可缺少的。建议大家参加音乐挑战赛时，直接使用比较火爆的音乐，内容一定要跟你的领域相关联。如果完全没有关系，引流增粉效果不会太好。

运营者除了直接使用别人的音乐之外，自己也可以创造音乐。音乐形式不局限于歌曲。比如，某网红创造了一句"好嗨哦，感觉人生已经到达了高潮"就特别受欢迎，很多人在视频里都会使用。我们也可以尝试创造一些属于自己的声音，也许哪一天就能成为爆点音乐，受到广泛使用。

图 7-25　通过舞蹈挑战赛引流增粉

7.4.3　表情挑战，吸引目光

在网上聊天时，大部分人都喜欢用表情包代替文字，我们是不是可以将这些表情包与拍摄的视频联系起来？

例如，图 7-26 所示为一个账号参与表情挑战赛的一条视频。这个账号记录的是办公室的日常生活，在视频中，他们为了让自己的账号有吸引力，便通过挑战当下比较流行的表情包来吸引粉丝。

图 7-26　通过表情挑战赛引流增粉

7.4.4　话题挑战，共同参与

话题挑战赛其实是一种比较简单的活动。比如，你是做减肥相关的，你可以在视频中发起减肥挑战，吸引更多的人参与进来。如果你发起的减肥挑战赛在抖音上吸引了很多人参与，这个话题很容易火爆。

又比如，抖音在2019年推出了"魅力北京"的话题挑战。这个挑战赛击中了旅游人士的痛点，很多旅游达人都在抖音平台发布自己在北京拍摄的视频，如图7-27所示。

话题挑战通常比较有趣，能够引起更多人来围观，还能够让参与者亲身体验，获得心灵上的慰藉。建议运营者在打造话题挑战赛时，考虑话题是不是贴合实际，能否满足参与者和围观者的需求。只有参与者和围观者的需求都得到了满足，活动才算成功。

话题挑战打造好之后，可以邀请一部分认识的人先参与进来，通过发布相关视频来增加话题的热度。只要参与的人多了，就能快速成为热门。

图 7-27　通过话题挑战赛引流增粉

上热门很重要，获得精准粉丝，实现变现更加重要。即便视频播放量很低，只要有粉丝添加你的微信，就说明你账号运营是成功的。

7.5　6种方法，粉丝暴增

本节介绍6种方法帮助运营者迅速获得大量流量，实现粉丝量暴增是有方法的。

7.5.1　6大平台，一键分发

抖音是今日头条旗下的一个平台。我们在抖音平台上传的视频，可以实现一键分发至6个不同的平台，包括抖音、今日头条、火山小视频、西瓜视频、皮皮虾、懂车帝。

还有一些剪辑软件也可以上传视频，进行账号引流，比如爱剪辑、快剪辑、小影等。笔者之前就把自己拍摄好的视频放进了爱剪辑，得到了很不错的反响。

所以说，我们拍摄的视频有多种传播途径，但是要注意，每个平台有它不同的特点。建议运营者在拍摄视频时，尽量针对不同平台的属性进行创作，这样才能达到理想的效果。

接下来针对今日头条下的平台进行属性分析。

① 抖音。抖音注重4个方面的属性，即颜值、技术流、搞笑和IP。颜值是能让视频火爆的一个点，也是抖音最有杀伤力的武器；技术流就是制作充满技术含量的视频，引发用户疯狂点赞；搞笑短视频是平台不可缺少的，它能让用户产生娱乐性；IP就是打造出自己个人品牌，比如，你有某方面的特长，你就可以把这个特长发挥到极致，成为这方面的代表。

② 火山小视频。火山小视频注重的是颜值、生活小技巧和搞笑。

③ 皮皮虾。它注重的属性非常多，如搞笑、段子、神评论、短文、短视频和动图。

④ 今日头条。它是运营者需要重点运营的平台。今日头条偏向于比较年长的群体，这些人喜欢看一些有价值的文章，还会实时关注热点新闻。今日头条的视频类型很多，可供任意选择。在今日头条，也可以利用自己的特长写文章，如果你的文章很有意义，就会收获很多粉丝。如果你的短视频账号绑定了今日头条的账号，那么今日头条的粉丝能转化成短视频的粉丝。归根究底，只要运营好了今日头条，其他账号也都能运营好。

⑤ 西瓜视频。西瓜视频偏向于直播和中视频。它注重的属性是综艺节目、电视电影和IP。建议运营者拍拍身边发生的一些事情或者是自己的生活日常，然后制作成一个有意思的综艺节目。电视、电影形式的话，建议平时就多挖掘一些火爆的片段，这样才能引起用户关注。最后是IP，要创建出自己的品牌，在平台展现出自己的独特性。

⑥ 懂车帝。懂车帝主要做的是与车相关的短视频。如果运营者平时对车很有研究，建议你多拍摄与车相关的视频。当你发布的视频内容能对爱车人士起到帮助的话，这些人就会成为你的粉丝。

此处介绍了6个平台，但建议运营者运营好今日头条、抖音这两个平台就好了，因为这两大平台可以带来巨大的流量，吸引众多的粉丝。

7.5.2 3大要点，增加关注

我们在进行短视频运营时，经常会遇到这样一个问题：视频不太被用户关注。如何解决这个问题？笔者结合自身经验总结了如下3个要点。

（1）内容一定要有价值

用户观看短视频的目的不只是娱乐和消遣时间，他们更希望能学到有价值的内容。如果你的视频没有任何内涵，用户是不会关注你的。即使拍的视频再多，花费的时间再长，你的账号在他们眼里也没有一点价值。

所以视频内容有价值，是吸引粉丝关注的第一步。建议大家多分享一些实用性技巧，并且这些技巧是贴近生活的，可以满足用户的日常生活需要。

（2）内容的垂直连续性

垂直连续性有些读者可能不太懂，其实就是视频内容在一个垂直领域，一直输出这方面内容。比如，你是专门做榨汁机的，你在短视频平台如何一直发布视频呢？

第一点，将榨汁机的优质性能分别展现出来，如速度快、功率高、简单易携和口感较好等特点。

第二点，分别展现出用户的评价。记住，好口碑是销售成功最关键的因素。可以把用户好评用视频形式一条一条展现出来。

建议各位运营者发布视频时一定要有连续性，如果你的视频断断续续的，用户不一定会关注，他们会觉得你没有用心在经营，他们不能从你的视频里持续获得有用的内容。

创造连续性的内容非常简单。例如，每次在视频的结尾打一行文字：下一条视频将讲某某内容，大家一定要持续关注哦。还可以在标题中展现内容的连续性，比如制造几个信息点来展现同一个话题，并连续进行视频更新。

这两种方式都能吸引用户持续关注你的账号，因为你给他们设置了悬念。当然，持续更新的视频内容必须要有价值。

（3）个人的IP属性

用户关注你是有原因的，他们看到了你身上的独特性。用户不会重复关注两个相似度极高的账号，运营者一定要打造属于自己的IP。

比如，你是一个美食制作达人，你不只分享怎么制作美食，还可以分享如何进行创意摆盘，这也能吸引用户关注你。

让用户看到你身上的闪光点和独特性非常重要，他们就是通过你个人的IP属性来决定是否关注你。

运营者一定要和用户建立情感联系。所有用户都需要运营者用心经营，你和用户的关系越来越好，用户自然会对你产生好感，从而关注你的账号，持续查看视频内容。

7.5.3 3个建议,破解限流

有的运营者会问,为什么发布的视频播放量极低,且账号经常被官方限流?原因有如下3点。

(1)喜欢搬运其他视频

很多被限流的视频大多数是因为搬运了其他人的视频,这种行为是有侵权问题的。如果完全照搬照抄,官方平台就认为你是恶意的,你的账号就存在被封的风险。

(2)视频的质量问题

视频的质量是短视频官方平台最看重的,如果视频内容画质不清晰、内容杂乱无章,甚至非常低俗,平台自然不会给你很好的推荐。

(3)价值观问题

我们在刷短视频时,都发现这样一个规律:拥有正确价值观的视频点赞量和播放量都比较高。如果你的视频带有很浓的负能量,平台会给你更多推荐吗?

如果账号被官方限流,怎么做才能恢复正常呢?

首先看是什么原因导致的。被限流后,官方平台会发通知给你。你可以根据通知调整运营的方向。

(1)如果账号被官方平台限流了几个月或者被封号,建议换新号。

(2)如果是因为频繁搬运他人的视频被限流,就应该尽量做原创。如果你非要搬运他人的视频,可以加上自己的风格和特点,且必须重新编辑。

(3)经常在平台打广告、做营销被限流。建议在以后的视频中,不要再出现广告宣传语和营销话语。因为这些是短视频平台明令禁止的。

短期的限流不可怕,你可以通过发布具有正确价值观的视频快速恢复账号。你也可以号召粉丝对你最近的几条视频进行好的反馈,账号恢复正常也非常快。你还可以邀请社交软件里的好友助力。

7.5.4 4个大招,引流倍增

曾有运营者一直很困惑这样一个问题,自己短视频账号的粉丝有十几万,但是想把他们引流进其他平台很难,效果比较差,怎样才能让他们转移阵地呢?

(1)解决用户的难点

在短视频平台,当用户有问题咨询你时,你可以耐心回答,如果你解决了他的难点，就会给对方留下一个好印象，他也会主动添加你的微信，这样你就把短视频用户转化成了微信用户。

（2）在评论区有意识地打造人设

打造人设很关键，我们在运营短视频时，一定要清楚自己的定位，并主动在评论区打造人设。为什么要在评论区打造人设？就是为了让更多的人看到。建议各位运营者在评论区回复用户评论时，要植入场景或者要带入情感，这样更容易和用户产生共鸣，具体参考如下。

我之前也遇到过这样的情况……

我们都在运营时出现过这样的问题……

我每天也不知道做什么……

你问的这个问题，有很多学员都有问过……

我可以帮你解决……

这几个例子，都能与用户交流讨论，很好地带入情感吸引粉丝。

（3）在评论区植入引流话术

话术引导也是吸引粉丝的一个关键点，你可以说：

要不要我们一起去微信群讨论这个问题如何解决……（这句话既能吸引用户参与讨论，又是在告诉抖音粉丝，微信群可以解答你的问题，那么，就会有抖音用户问你怎样进群，这便实现了快速导流和引流）

在微信群我们经常讨论这个问题，其实我告诉你……

我昨天在朋友圈就有这样一条消息……

我们只有群里讨论了才会得出结果……

运营者要意识到评论区才是你在短视频平台引流增粉的关键所在。所以一定要不经意地进行话术植入，这样才能达到引流倍增的效果。

（4）通过视频内容做适当引导

视频内容的创作很重要，建议运营者在视频内容中做引导，但是不能表现得太明显，不然官方平台就会认为你违规。在引导时，一定要把握好尺度，明确自己用什么样的方式引导。

例如，在创作的视频内容里不经意地添加这样一句话："关注我的公众号会有更多的惊喜哦。"内容引导的话语很多，可根据自身情况自行表达。

7.5.5 8大事项，注意了解

未来商业的红利——私域流量池。打造私域流量池对平台运营来说非常重要，笔者发现很多短视频运营者在做平台运营，不太注重把流量留下来。

举个例子，你在某电商平台有自己的商品店铺，在该平台运营一段时间后，商品的销量越来越高，但有一天，你的店铺被举报了，官方平台认为你运营不当，就会减少你店铺的推荐量。而你又没钱去买流量营销，到最后，你的店铺基本没人进入和关注，你的商品无法卖出，这就是没有留住流量的后果。

私域流量池具有私密性，用户在你那里查看到的内容，在其他平台是无法查看的，这一特性对于商品成交很有利。运营者在打造私域流量池时，要注意以下几点。

（1）价值点

私域流量池要有自己特定的价值点。价值点，就是用户能在你那里得到什么。举个例子，笔者每天都会在微信朋友圈分享一些抖音的基本操作、内容制作灵感等比较实用的技巧，这对很多正在做抖音运营的人来说，非常有价值。笔者通过分享这些知识技能，让很多粉丝越来越渴望得到更多不一样的抖音运营技巧。很多人跟笔者学了抖音运营以后，还想学社群运营、微商运营、自媒体运营、短视频运营等，这就为笔者的私域流量池提供了价值点。通过这样的方式，让自己的账号逐渐形成了一种具有生态化的私域流量池。

（2）核心卖点

我们生产出产品，最终目的是要销售出去，但是每个产品都要有自己卖点，卖点设置得好，你的产品就容易销售出去，如果你的产品能让用户心动，那么这些用户还会被你转化成私有流量，持续性购买你的产品。

（3）个人魅力

流量池的打造要凸显个人魅力，用个人魅力吸引用户，能有一个不错的效果。

（4）用户的转化

粉丝群体不要局限于一个平台，可以在多个平台吸引粉丝，然后进行转化。

（5）用户裂变

用户裂变就是说在一个平台，你可以通过其他方法来获得更多粉丝，然后通过粉丝影响其身边的人，吸引越来越多的人关注你。实现用户裂变最好的平台就是微信。

在微信，一个粉丝会给你带来很多个不同的粉丝。比如，你通过某个短视频平台吸引一个人添加了你的微信，你可以在聊天过程中挖掘他朋友圈的朋友。

当然，你不能显得很刻意，如果你太直接表示是为了增粉而添加他的微信，用户会反感，你需要用对方法。用户裂变就是要求你无限量地扩大粉丝群体，把几十个人的好友变成几百个人，甚至是几千个人。

（6）维护顾客

运营者应始终把顾客放在第一位，做好顾客的维护。

不知道大家有没有这样的经历，某家店服务态度很好，注重顾客的感受，还会给顾客很多建议，我们会经常去这家店购物，甚至会推荐给身边的朋友。是什么吸引我们一直去这家店购物？就是因为顾客维护做得非常好，牢牢抓住了顾客的心理需求。总而言之，如果你在运营一家店铺，就需要做好顾客维护，把老顾客引入自己的私域流量池，这样既节约了宣传成本，又会源源不断地增添新顾客。

顾客维护最重要的一点就是商家的服务，各项服务好了，二次成交也变得更加直接且容易。

（7）团队的管理

如何做好团队管理？建议运营者建立一个微信群，给群里的用户设立标签，也就是给每个人做好备注。微信是大家平时都会使用的社交软件，比较好管理。

举个例子，当顾客加你微信后，你需要备注好他加你的原因，如果他是来找你购买产品的，你就给他备注成"要买产品的顾客"，你可以时不时问他需不需要购买你的产品，你可以给他推荐。如果客户对产品有兴趣，他就会购买。

（8）实现多次成交

要想让自己的店铺获利更多，运营者不能只在意能否二次成交，而应关注能否实现多次成交。

我们在电商平台购物时，都会和店铺的客服交流，一般情况下客服的回答都是提前设定好的，不会有太多交流。而微信则不同，微信更注重的是有生活性的交集，交流的内容也充满人情味，因此，在微信上更容易实现二次成交，甚至多次成交。

所以，要想实现多次成交，建议运营者多发朋友圈，如果产品能得到多位顾客的青睐，就可以实现多次交易。

7.5.6 6大标配，逐步成长

现在很多企业不太能意识到未来的变化，很多微商和个人更是如此。为什么?因为他们没有考虑用户的流失问题,觉得现在能够赚到钱,不需要考虑用户的想法,但是他们不知道一场比较大的危机正在形成,因为自己的用户正在被别的企业慢慢收拢,你的粉丝到最后就全不是你的了。

企业和个人如何应对未来的变化?下面为大家详细介绍未来企业和个人的6大标配。

(1)自媒体

自媒体是指普通大众通过网络等途径向外发布他们自身的事实和新闻的传播方式,它是个性且真实的,能教人树立正确的价值观。自媒体是靠流量发展起来的,发展前景非常好。笔者之前有教过一个学员,自媒体运营得非常好,短短一个月,拥有了10万粉丝,一年内他通过自媒体赚了十几万元。

为什么他能发展得那么好,就是因为他的粉丝认可他的价值。所以说,只要用户觉得你对他是有帮助的,就能轻松变现。运营者可以通过做自媒体去吸引粉丝,然后把这些粉丝转化成短视频的粉丝,这样就实现了双重变现。

(2)抖音

抖音是现在短视频的主流平台,抖音非常适合打造自己的独特性,只要你与别人不同,你就会吸引到粉丝的关注。

企业和个人要想应对好未来的变化,就应该在抖音打造出属于自己的IP,然后在这条道路上持续发展,这样你的运营道路才会越来越顺畅。抖音平台的传播速度比其他平台快,如果视频非常独特且优质,抖音官方就会强烈推荐,你的视频可能一夜之间就火爆全网。所以,只要你用心经营,就会得到一个很好的发展。

(3)个人微信号

笔者通过自身的总结和经验,发现很多企业都会注册个人的微信号,因为单靠流量传播的价格是非常高的,大多数企业都无法支付这个费用。

个人微信号的打造比较简单方便,运营起来也省时省力,只需不断吸引用户添加微信即可。个人微信号主要是解决用户转化和用户维护这两个方面的问题,我们在做抖音运营时,要把抖音用户转化成微信用户,然后在个人微信里做好维护。

(4)社群

什么叫作社群?社群不是我们以为的微信群或者QQ群,它是由一群具有共同兴趣爱好或同等需求的人组建成的社会群体。我们在做短视频运营时,就必须把拥有这些共同特点的人吸引过来,然后组建成一个社群,并且保证这个社群是可以永久存在的，因为这样你的账号才能持续增粉和变现。

当然，不是说所有的短视频运营者都应该做一个长久的社群，也要根据自身的实际情况去设立。如果社群里的人都不交流讨论，也就没有任何意义和价值了。

社群究竟能解决什么问题？笔者从两个角度进行解答。

① 用户的沉淀。社群里面的人有共同的兴趣爱好或同等需求，所以，平时应该分享他们都比较认同的一些东西，让他们觉得留在这个社群是有价值的，这样就能持续沉淀用户。

② 用户的裂变。裂变是为了吸引更多的粉丝。我们在社群可以利用一些方式，让群成员逐渐增多。举个例子，你可以设置一个优惠活动：一件价值19.9块的小商品，在转发朋友圈后，只需要付1块钱就可以购买。这样的活动会引起社群用户疯狂转发，运营者可以借助这种方式在短时间内吸引到更多的粉丝。

（5）社区团购

笔者发现近几年来，社区团购非常火爆，很多人都在利用这一方式获利。建议企业和个人在做运营时，不要想着如何获利，而是想着如何吸引他们成为你的粉丝。因为运营是长时间的，只有把这些用户转化成永久的粉丝，才能站稳脚跟，持续发展。

如果把这些用户成功吸引到自己的流量池，就拥有了一群目标客户，可以持续扩大用户的规模，到最后，你就会拥有巨大的人群，这个时候你就可以想着用什么方式进行获利了。

举个例子，你可以通过卖某件商品的方式赚钱。因为这个时候你社区的人已经很多了，你可以采用团购的方式引导粉丝购买商品。团购比较优惠，很多人也愿意参与进来，这样，产品的销量也会持续增长。

（6）线上线下店铺

什么叫作新零售？就是线上平台和线下销售门店或生产商结合在一起，为消灭库存、减少囤货量的一种销售新模式。那么在线上或线下销售产品需要解决什么问题？笔者认为就是商家和用户的信任问题和流量变现问题。

信任问题很好解决，建议企业或个人在线上销售商品时，一定要真实，这样才能建立良好的口碑，才会吸引更多用户在线下购买你的商品。

那么流量变现问题如何解决呢？如果你现在的粉丝是10万，也就相当于是你的流量，如何把流量进行变现呢？很简单，你可以利用这10万粉丝在线上平台销售商品，你还可以把他们吸引到你线下的店铺进行消费，只要你有粉丝，流量变现根本不是难题。

最后，笔者还想为各位读者分享两点比较重要的内容，如何做到爆粉？如何进行引流？

爆粉最关键在于内容，内容足够丰富有趣，粉丝也会越多。同时设置引诱点也非常重要，一定要抓住用户的心理需求，你可以深入生活，深入用户，了解大家最需要的是什么。如果你足够了解他们的需求，爆粉也就能轻易实现了。

那么如何进行引流？在很多短视频平台，不允许运营者直接营销自己的产品，所以，建议大家换一个思路，利用其他方式把短视频用户引到自己的微信。举个例子，你可以在短视频的个人简介中添加联系方式，而你的联系方式就是你的微信号。

企业和个人要想做好短视频运营，就要提前铺好路。在这个以粉丝为王的时代，只有抓住了粉丝的心，才能赢得更好的发展。

第 8 章

直播引流，重构形态

本章主要介绍短视频的特点，以及短视频平台推出直播的优势，以抖音平台与快手平台为例，分析了两个平台各自的优势，以及直播的开通方式和直播的运营技巧，告诉运营者在抖音和快手平台上如何进行有效的直播。

8.1 优势互补，共享流量

网络视频的类型多种多样，随着科技的发展，形式不断更新与变化。为了更熟练地进行短视频运营，了解短视频类型是不可或缺的一个环节。

8.1.1 网络直播，互动沟通

直播具有即时互动性，主要通过弹幕的形式展现，几乎所有的直播都可以进行单向、双向甚至多向的互动交流。

对于企业而言，直播能够帮助企业快速获得用户的反馈，从而更有针对性地对自身进行改进。对于用户而言，可以通过直播与企业进行互动，从而进一步对企业品牌深入了解，或者表达自己的建议，这种互动性可以使企业的营销效果得到提升。

直播还具有沟通性强的特点。在直播时，用户会咨询关于产品的各种问题。举个例子，针对护肤类的产品，用户会问这款产品是适合干性肌肤还是油性肌肤；针对服装类的产品，用户会问尺寸大小、衣服码数等。总而言之，直播的过程就是与用户沟通的过程。

8.1.2 视频特性，全面掌握

短视频时间短，短短几分钟可以将一个原本复杂、枯燥的知识转化为简单且有趣味的内容。短视频的制作门槛较低，普通用户也能轻松上手。

（1）短视频内容的碎片化

短视频的诞生与人们逐渐忙碌的生活习惯息息相关，它能够让人们在零碎的时间内观看，因此，短视频的使用场景多为碎片化的时间，而长视频的观看则需要花费更长的时长，还要在稳定的网络环境下观看，所以说，短视频内容的碎片化，更能适应用户的心理需求。

短视频具有3大优势，笔者将分别从用户需求、用户观看、用户黏性这3个角度进行分析，如图8-1所示。

短视频的制作者分为4类，分别为普通用户、专业用户、专业机构、内容整合机构，如图8-2所示。

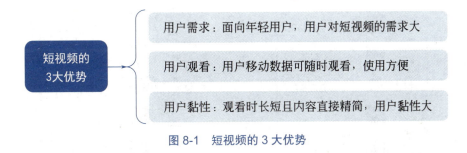

图 8-1 短视频的 3 大优势

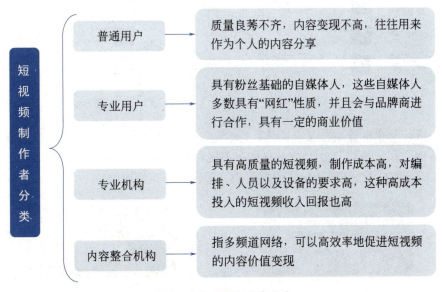

图 8-2 短视频制作者分类

（2）短视频内容的精细化

短视频的内容精准，标签分类众多。因为抖音和快手的标签比较单一，在此特意以 B 站为例进行具体介绍，B 站的短视频分类共有 2494 个频道，在频道下，共有 25 个标签选项，除我的订阅、热门、全部 3 个标签外，其他 22 个都是不同类型的。图 8-3 所示为 B 站的热门标签。

在这些标签下又有不同细化分类，例如科技标签，它又可以分为科普、技术宅、科学、科幻等，如图 8-4 所示。体育标签可以分为篮球、极限运动、跑酷等。

图8-3　B站的热门标签

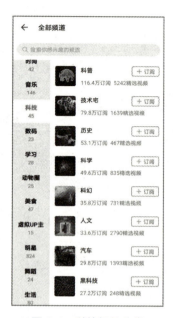

图8-4　科技标签分类

打开一个标签后，又有精选、综合、话题3个分类。有的标签界面还有热门活动，在"精选"分类的下方具有不同年份的标签可供用户选择。图8-5和图8-6分别为"公开课"标签的页面和"编程"标签的页面。

图8-5　"公开课"标签页面

图8-6　"编程"标签页面

这样精准的分类,可以让用户通过标签,快速找到自己感兴趣的视频内容,并且大数据的算法让平台可以提供更佳精准的个性化视频推荐。

（3）短视频的分享性

以美食为例,快手平台具有大量的美食类分享视频,这样的短视频对于想要制作美食的用户来说,会有一个很好的引导作用。快手平台在2020年6月20日开始推出"广东美食"的招募活动。图8-7为"广东美食记录官"的宣传海报。

也可以打开快手App,搜索"广东美食"关键词,点击页面上方第1个活动海报,查看活动详情,如图8-8所示。

图 8-7 "广东美食记录官"海报

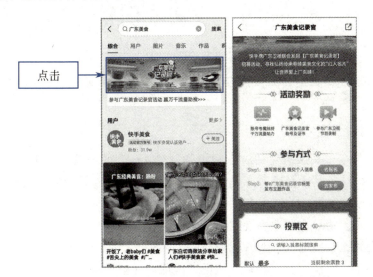

图 8-8 快手App内查看"广东美食记录官"活动详情

8.1.3 相辅相成,转化流量

相较于短视频,直播的互动性更为及时且直接,许多短视频平台都开通了直播功能,这种短视频与直播相结合的形式,既让主播与粉丝的交流得到了加强,也使得平台用户黏性增大。

短视频与直播的结合,将短视频和直播的不同优势进行有效结合,促进了直播内容的变现。图8-9为短视频+直播各自的优势。

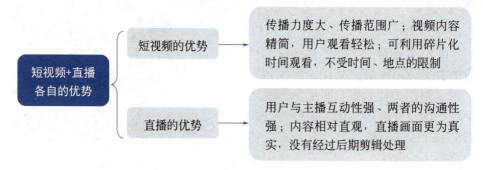

图 8-9　短视频 + 直播各自的优势

8.2　抖音平台,特点机制

本节讲述抖音平台特点以及平台推荐算法机制,使运营者更加了解抖音平台。

(1)抖音平台特点

抖音是今日头条孵化的一款短视频社交App,虽然是今日头条旗下产品,但在品牌调性(基于品牌或产品的外在表现而形成的市场印象,从品牌与产品人格化的模式来说,等同于人的性格。)上和今日头条不同。

今日头条的品牌调性更接近快手,用户基本集中在三、四线城市以及广大农村,内容比较接地气,而抖音瞄准的大多是一二线城市的年轻用户,85%以上的用户是"95后"和"00后"人群,因此内容更加潮酷和年轻。

在功能方面,抖音与快手非常相似,两款社交短视频产品也经常被比较,其两者最大的区别还是在于品牌调性和用户画像,快手更加"真实"和"接地气",而抖音更加"高大上"和"酷炫"。

抖音运营者发布的每一条内容,抖音审核员都可以看得到。另外,抖音平台会根据抖音视频的推荐基数(根据浏览人数、点赞和评论比例等数据设置的一个基础值)、视频播放量、点赞量、评论量、转发量、账号的资料完整度和认证情况等进行权重的计算，然后按照得分排序，决定审核的顺序。视频审核之后，会根据审核结果决定视频的推荐量。

（2）抖音平台推荐算法机制

抖音有着自己的推荐算法机制，如图8-10所示。如果运营者想在一个平台上成功吸粉，首先要了解这个平台，知道它喜欢什么样的内容，排斥什么内容。运营者在抖音发布作品后，平台对作品会有一个审核过程，其目的是筛选优质内容并进行推荐，同时杜绝垃圾内容的展示。

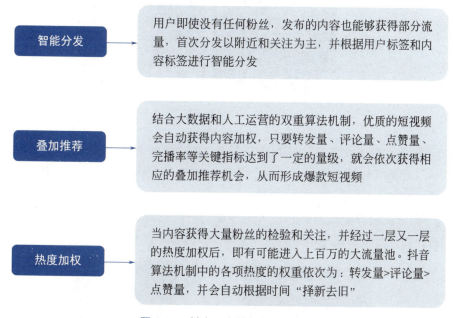

图 8-10　抖音平台的推荐算法机制

8.2.1　视频直播，开通方法

以下是抖音直播的开通方法，运营者要想开启直播，仅仅需要一台手机。

（1）抖音直播开通方法

对于运营者来说，抖音直播可谓是促进商品销售的一种直接又便捷的方式。开通抖音直播的流程如下。

步骤01　登录抖音短视频App，❶点击视频主页上 + 号按钮，进入"视频拍摄"界面，❷点击"开直播"按钮，如图8-11所示。

❶点击　　❷点击

图 8-11　直播设置界面

步骤02　进入"直播"界面后,点击"开始视频直播"按钮,如图8-12所示,自动跳转进入"实名验证"界面,填好信息后,点击"同意协议并认证"按钮。

步骤03　操作完成后会进行人脸验证,人脸验证成功后,会有个3秒倒计时,倒计时结束就可以开始视频直播了,如图8-13所示。

点击　　　　　　　　　点击

图 8-12　进入"直播"界面　　　图 8-13　"直播倒计时"界面

> **步骤04** 抖音运营者还可以点击"直播"界面右下方 ··· 按钮,进入直播功能设置页。如果你想添加话题,就可直接点击"话题"功能,然后进行话题选择,如图8-14所示。当然,此前开过直播的抖音号,系统会默认显示之前的直播封面和话题,运营者也可以选择直接使用默认的直播封面和话题。

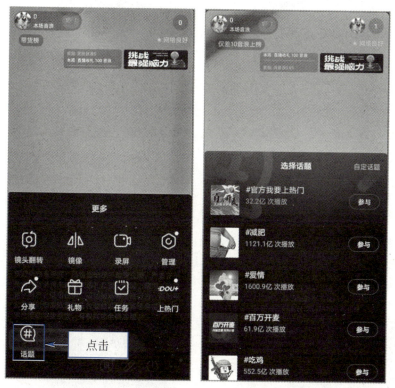

图8-14 "直播功能设置"和"话题选择"界面

(2)抖音直播中常见问题解决

在直播的过程中,我们可能会遇到直播没声音、卡屏等问题,解决方法如下。

> **步骤01** 从抖音主页中进入"设置"界面,选择界面中的"反馈与帮助"选项,如图8-15所示。

> **步骤02** 操作完成后,进入"问题分类"界面,选择界面中的"直播相关"选项,如图8-16所示。

图 8-15 "设置"界面

图 8-16 "问题分类"界面

步骤03 进入"直播相关"界面,选择界面的"主播开直播"选项,如图 8-17所示。

步骤04 进入"主播开直播"界面,如图 8-18所示。该界面会显示一些与直播相关的问题。抖音运营者只需选择对应的选项,便能了解问题的解决方法。

图 8-17 选择"主播开直播"选项

图 8-18 "主播开直播"界面

8.2.2 两种技巧，直播运营

以下是抖音直播的运营技巧，包括平台运营技巧和主播运营技巧。

(1)"同城"界面

抖音推荐分为两种，一种是全平台推荐，另一种是同城推荐。例如，笔者在长沙岳麓区，所以"同城"界面显示的是"岳麓"。进入该界面，左上方位置会推荐直播内容，用户只需点击所在位置，便可直接进入直播间，如图8-19所示。

图 8-19 从"同城"推荐界面进入直播间

(2)直播广场界面

在"首页"界面的左上方有一个"直播"按钮，用户只需❶点击该按钮便可进入某个直播间，当然，此时看到的只是系统随机推荐的一个直播间的内容；在直播间，可以❷点击右上方的"更多直播"按钮观看其他直播，如图8-20所示。

图 8-20 从"首页"界面进入直播间

点击"更多直播"按钮之后,可进入"直播广场"界面,如图 8-21 所示。直播广场会对部分直播进行展示,用户只需点击对应直播所在的位置,便可进入其直播间查看直播内容,如图 8-22 所示。

图 8-21 "直播广场"界面

图 8-22 从直播广场进入直播间

（3）主播直播运营技巧

① 吸金的直播封面。抖音直播的封面图片设置得好，能够为各位主播吸引更多的粉丝观看。目前，抖音直播平台上的封面，都是以主播的个人形象照片为主，背景以场景图居多。抖音直播封面没有固定的尺寸，不宜过大也不要太小，只要是正方形等比都可以，画面要做到清晰美观。

② 合适的直播内容。抖音直播的内容目前以音乐、游戏和户外为主，不过也有其他类型的直播内容，如美妆、美食、"卖萌"以及一些生活场景直播等。都是由抖音社区文化衍生出来的，比较符合抖音的气质。

在直播内容中，以音乐为切入点，可以更快地吸引粉丝关注，也可以让主播与粉丝同时享受到近距离接触的快感。

8.3 快手直播，社交联结

每个App都有各自的历史，先来了解一下快手平台的历史。

（1）快手历史

2011年的时候，快手还叫"GIF快手"，它以前只是一款制作和分享GIF动态图的工具。到了2013年7月，"GIF快手"从工具类应用转型为短视频类应用，并且改名"快手"，名称一直沿用至今。

快手算是最早扎根于短视频分享的App，那时候，与快手平分半壁江山的抖音还没有创建，美拍与小咖秀等这些短视频还在一、二线市场抢夺，而快手创始人却走不同寻常路，挖掘下沉市场，将"快手"贴近三、四线城市，主要面对的是普通群众，一时间成为热门短视频平台。

2018年，快手推出了"快手营销平台"，它是以社交为中心，整合了快接单、快享计划、快手小店等内容和功能。现今，为了摆脱扁平化桎梏和加速商业化进程，各大电商开始造节，阿里造"双11"，京东造"618"，苏宁造"818"……在这种情形下，2018年11月6日，快手也推出首届电商节，至此快手完成商业化布局，正式开启商业变现的旅程。

（2）快手平台定义

快手的创始人之一宿华曾表示："我就想做一个普通人都能平等记录的好产品。"这个恰好就是快手的核心理念。抖音靠流量为王，而快手即使损失一部分流量，也要让用户获得平等推荐的机会。当然，正因为这个核心理念，快

手才会那么火，才会受到很多普通群众的欢迎。

（3）快手直播

快手平台的直播与抖音平台的直播有很大的不同，快手直播分发的流量相对抖音来说，会尽可能平均，采取"去中心化"的运作模式，这使得更多的普通用户得到了较好的曝光机会。同时，快手的流量部分掌握在主播手中，这对主播来说具有很好的优势。

8.3.1 平台运行，开通方法

下面介绍快手直播的开通方法，读者可以按照以下步骤进行操作。

▶ 步骤01 进入快手短视频App之后，点击首页界面下方的 图标，进入拍摄界面，如图8-23所示。

图8-23 点击摄像头进入拍摄界面

▶ 步骤02 ❶滑动下方按钮，点击"直播"选项，进入直播界面；❷点击"申请权限"按钮；进入"申请直播权限"界面，依次❸开通申请权限即可，如图8-24所示，完成之后即可开通快手直播。

图8-24　进入直播后开通直播权限

8.3.2　直播发展，运营技巧

以下是快手直播的运营技巧，笔者从平台和主播两方面进行介绍。

（1）直播间百宝箱

大多数短视频平台的礼物都需要花钱购买，快手却有一些不同。快手用户可以根据在线查看直播的时间，点击直播间的百宝箱，在"每日百宝箱"对话框中领取对应的快币。领取之后，快手用户还可以将快币兑换成猫粮，作为礼物送给主播，从而提高直播间的热度。

（2）"同城"直播

快手短视频App会根据用户的位置，进行"同城"推荐，"同城"界面会将该城市中快手号发布的直播进行推荐，并会实时进行短视频的更新，用户在观看视频时，可以快速了解身边发生的情况。

> **特别提醒**
>
> 观看同城的时候需要先开启定位服务，设置完成后，才会为你提供更精准的同城视频，如果用户不喜欢个人信息被暴露得太多，可以拒绝并限制访问位置权限。

(3)"无人物"直播

"无人物"直播,就是直播画面中不出现人像,它可分为以下4种类型。

① 游戏场景+主播语音。大多数用户看游戏类直播,重点关注的是游戏画面。因此,这一类直播直接呈现游戏画面即可。另外,一个主播之所以能够吸引用户观看直播,除了本身过人的操作之外,语言表达也非常关键。因此,游戏场景+主播语音就成了许多主播的重要直播形式。

② 真实场景+字幕说明。发布的短视频,可以通过真实场景演示和字幕说明相结合的形式,将自己的观点全面表达出来,这种直播方式可以有效避免人物的出现,同时又能够将内容完全展示出来,非常接地气,自然能够得到大家的关注和点赞。

③ 图片+字幕(配音)。如果直播的内容都是一些关于快手、微信、微博营销的专业知识,那么运营者可以选择采用图片+字幕(配音)的形式进行内容展示。

④ 图片演示+音频直播。通过"图片演示+音频直播"的内容形式,可以与用户实时互动交流。用户可以在上下班路上、休息间隙、睡前等闲暇时间看直播,这样既节约宝贵时间,又会带来很好的情感体验。

(4)稀缺和特色内容直播

快手运营者还可以从快手平台相对稀缺和特色的内容出发,进行账号定位。例如,快手号"十年尘墨·书法"就是定位为书画的一个账号。

书画作品在快手平台是比较稀缺的内容,所以,许多人看到这一类视频之后,就会觉得特别想去学习,那么该账号的关注量和点赞量随之也会增多,这个账号在快手平台收获了36万粉丝。

不是只有稀缺内容才能引起关注,具有特色的视频内容,同样会得到很多用户的喜欢。

例如,快手号"轮胎粑粑"是一个分享萌宠日常生活的账号,这个账号经常会发布一些以自家狗为主角的视频。如果只是分享狗的日常生活,那么,只要养了狗的都可以做。而"轮胎粑粑"的独特之处就在于,会通过一些字幕来表达狗的"所思"和"所想",如图8-25所示。这样一来,用户在看视频时,结合字幕和狗的表现,就会觉得这条狗非常有趣。

快手上宠物类视频不少,但是,像这种带有幽默性的视频却是比较少的。因此,这个账号有1845万粉丝。该视频运营者在快手平台不断更新狗的日常生活,目的就是吸引更多的粉丝。

图 8-25 "轮胎粑粑"发布的快手视频

企业短视频攻略：
账号运营＋文案编写＋引流涨粉＋带货卖货

第 9 章

直播卖货，推荐好物

　　直播带货，是一种电子商务营销模式，即通过互联网平台，使用直播技术进行商品线上展示、咨询答疑、导购销售的新型服务方式。

　　本章的主要内容包括直播带货、介绍好物与直播手段、带货关键两个方面，下面进行详细介绍。

9.1 直播带货，介绍好物

直播带货时，产品是能被顾客直观看到的，主播介绍产品的特色和功用，顾客可从视、听两个角度体验产品。在充分了解产品的性能后，顾客如果有购买的欲望，就会选择直接购买。因此，直播带货可以更好地提高产品成交率。

9.1.1 直播渠道，4个优势

直播带货的渠道很多，淘宝、抖音、快手等都是直播带货的一线软件，以淘宝直播为例，顾客在观看直播时，直接可以用弹幕说出自己的疑问和要求，与主播零距离互动，如图9-1所示。

图 9-1 弹幕互动提问

直播带货不仅有多方面的渠道，它还有4个优势，即节约商家人力成本、帮助顾客了解产品、促进顾客参与抢购和提高顾客的参与感。

9.1.2 主播顾客，相辅相成

直播带货中影响力最大的就是主播，顾客通过观看直播的方式购买商品，很大程度上反映了对主播的信任程度。主播的信用感越强，卖出的商品越多，就会有更多人从主播的直播间购买所需商品。

如何提高顾客对主播的信任程度呢？

（1）树立正面形象

主播要有正确的三观，并树立积极向上的人设，要把自己的正面优势发挥到极致，吸引更多顾客关注，给予顾客更多的正能量，不断提升自身素质，与顾客进行耐心沟通，增强信任感。

主播在直播过程中，必须要注意自己的言行举止，不能过于夸张，再有，不可与其他主播相比较，更不能贬低其他主播，否则，粉丝难以与主播建立良好的信任感。

（2）提高自身的专业技能

直播带货，要求主播对自己所销售的产品要充分了解，如产品的特性、性价比等，这都是顾客最在意的。主播在直播时，对产品进行流利且精准的介绍，会增加顾客对产品的信任度。所以，主播在直播带货时必须要掌握一定的语言技巧，从而引导顾客消费。语言技巧可以通过以下几点提高。

① 对症下药。主播一定要对购买该产品的顾客群体足够了解，知道他们最需要和最在意的是什么。主播可以根据顾客群体特点进行相应的直播讲解。

例如一些时尚女性，她们的特点就是普遍爱美。主播在讲解时，必须牢牢抓住这一特性进行反复讲解，这样才能引起她们的购买欲望。只有把顾客的情绪调动起来，带货成功的概率才会大大增加。图9-2所示为淘宝女装直播，主播在介绍衣服时着重把衣服的优势表达出来了，所以该直播间衣服的销量很好。

② 外表形象。主播在带货时要关注粉丝群体，面对粉丝的一些问题和要求，要表现得足够有耐心，说话方式要具有感染力与亲和力，营造一个良好的直播间氛围。例如，有"淘宝一姐"之称的某网红，在她的直播间往往能感到强大的亲和力，顾客在观看直播时会有一种回家一样的归属感。因此，她的带货强，产品销量很好。

③ 个人观点。直播带货是主播自己在销售产品，所以，主播要详细说出自己使用该产品的感受，前提必须保证真实性，因为只有真实的表达，才能更好地增强主播与粉丝之间的信任感。

图 9-2　直播间主播穿衣搭配

9.1.3　掌握技巧，提高效率

网络直播的影响力是有目共睹的，并且直播带货的主播非常之多，接下来这4个小技巧，教你如何在直播浪潮中脱颖而出。

（1）提供详细全面的产品信息

直播带货最忌讳的就是对产品描述不够清晰，主播作为产品的使用者和顾客，应全面、详细地对产品进行介绍，特别是产品的优势，要把产品的性价比罗列出来，让顾客对产品的信息有一个全面的了解，挑选到更心仪的产品。

（2）提供可信的交易环境

信任度在网络直播里是顾客最在意的，一个可信的交易平台，会让顾客安心、放心。

（3）建立完善的售后服务

售后服务是为了建立良好的口碑，有了口碑，才有发展，才会增加新客户对你的信任度，产生良好的购物体验感。

（4）实行场景化营销

场景化是指布置与顾客生活相关联的产品使用场景，目的是帮助顾客更好地了解和使用产品；同时也是让顾客在消费时产生情感共鸣，快速下单。

9.1.4 塑造价值，提升高度

传统的电商购物平台存在一些隐蔽的缺陷，例如目录检索的范围太广泛、图片展示得不够细节和全面、文字描述缺乏真实等。直播带货很好地规避了传统电商的缺陷，更直观、全面和真实。

第一，直播封面会展示出带货的产品，并且产品的信息会更加具体，让有需要的顾客直接进行购买。

第二，直播可以将商品的细节全部展出，重要的地方还会进行特写，尽量消除顾客对产品的疑虑。

第三，直播带货是顾客用手机直接观看，只需动动手指，就能获得自己想要的商品，既简单直接，又无需耗费太多的时间与精力。

第四，直播带货是一种限定时间消费的方式，某种程度上会激发顾客快速购买商品的欲望。

相比于传统电商，主播卖货更具亲切感和亲和力，并且他们也是产品的顾客和使用者，有他们的亲身体验，顾客不用耗费太多精力去考虑其他因素，就能购买到满意的商品。

顾客决定购买产品的因素不仅局限于信任，产品的价值也是顾客最为看重的。在马克思理论中，商品具有使用价值和交换价值，如图9-3所示。

图 9-3　网红与消费者信任程度对直播带货的影响

从产品的价值塑造阶段来看，可分为两个阶段：一是基础价值，即产品的选材、外形、功能、配件、构造、工艺等；二是价值塑造，产品价值的塑造，主要建立在产品基础价值之上，明确产品的价值卖点是直播最关键的，也是顾客最关注的。因此，在直播中，对产品价值的塑造是至关重要的，即产品的独特性、稀缺性和利益性。

（1）产品的独特性

每个产品都有它的独特性，无论是包装还是设计与造型。一个产品只有拥有了独特性，它才能区别于其他任何产品，最后才会产生相应的价值。例如，有很多名牌包包或者名牌化妆品，之所以价值不菲，就是因为它们是独特的存在。就像SK-Ⅱ的护肤精华露，这个产品的独特性在于它的生产工艺和效果是其他产品无法代替的。

（2）产品的稀缺性

稀缺就说明它少，或是限量的，又或是专业限定的，同时是独一无二的。稀缺性包含独特性，但独特性却包含不了稀缺性。产品稀缺会影响顾客的购买欲望，因为稀缺，它就具有一定的收藏价值。

（3）产品的利益性

产品的利益性是指产品与顾客之间的利益关系，产品的利益价值塑造需站在顾客的角度进行分析。例如，主播细致地介绍产品，替顾客节省了时间，也减少了顾客购物时产生的心理矛盾，总的来说，就是产品能够给顾客带来好处。例如，在淘宝直播时，主播为顾客挑选出一款好鞋，并进行详细介绍，便于顾客购买。如图9-4所示，为主播在直播间介绍鞋子的具体信息。

图9-4　主播在直播间介绍鞋子的具体信息

无论是哪方面的价值塑造，都是基于产品本身，使得顾客获得更好、更舒适的生活体验，这就是产品价值塑造的基点。

除此之外，还可以赋予产品额外价值，赋予方法可以从两个方面着手，如图9-5所示。

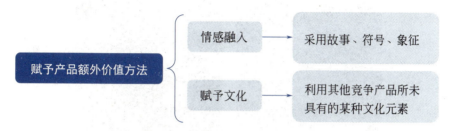

图9-5 赋予产品额外价值的方法

9.1.5 锁定需求，抓住痛点

在直播带货时，顾客的需求是顾客购买产品的重要因素。需求分为两类，具体内容如下。

一类是直接需求，也就是所谓的顾客痛点，比如顾客在购买时表达的想法，需要什么样的产品类型。

另一类则是间接需求。这类需求分为两种：一种是潜在需求，主播在带货过程中可以引导顾客的潜在需求，激发顾客的购买欲望；另一种是外力引起的需求，由于环境等其他外力因素促使顾客进行消费的行为。

在带货的过程中，主播不能只停留于顾客的直接需求，应挖掘其间接需求。那么如何了解顾客的间接需求呢？可以从以下几点出发。

（1）选择符合顾客审美的背景

在直播带货过程中，可以抓住顾客的审美，设计精致的产品外形，吸引顾客的注意力，满足顾客的审美需求。例如，非常受女性喜欢的口红，在直播中，主播不断试色，并挑选出更好看的颜色供顾客选择。如图9-6所示为淘宝某口红店铺的直播间。

（2）选择高质量的产品

主播带货的产品不能是"假货""三无产品"等伪劣产品。如果带货过程中，出现这两类产品，属于欺骗顾客的行为，被曝光后会被给予严厉惩罚。所以说，主播一定要本着对顾客负责的原则进行直播。

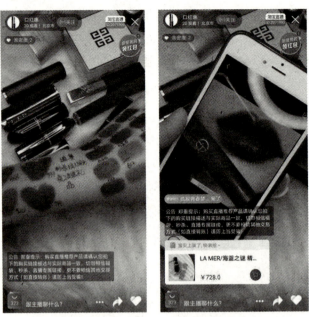

图 9-6　淘宝某口红店铺的直播间

顾客在直播间下单，必然是信任主播。销售伪劣产品对主播本人的形象非常不利。主播一定要选择优质的产品，这样既能加深粉丝的信任感，又能提高产品的复购率。在产品选择上，可以从以下几点出发，如图9-7所示。

图 9-7　如何选择高质量产品

（3）选择与主播人设相匹配的产品

如果是网红或者明星进行直播带货，如图9-8所示，可以选择符合自身人设的品牌。例如，作为一个资深吃货，你选择的产品一定是美食产品；作为一个健身博主，你选择的产品则是运动服饰、健身器材、代餐等；作为一个美妆博主，你选择的产品一定要是美妆品牌。

其次是你人设的性格。例如明星带货，这个明星的人设是鬼马精灵，外形轻巧，那么她直播带货的品牌调性可以是活力、明快、个性、时尚、新潮的；如果是认真、外表严谨的人设，那么所选择的产品可以是更侧重于高品质、具有创新的科技产品。归根究底，就是要选择与主播人设相匹配的产品。

图 9-8　明星直播间

（4）选择一组可配套使用的产品

选择可配套使用的产品，进行"组合套装"购买，还可以利用"打折""赠品"的方式，获得顾客观看和消费。

顾客在进行产品购买的时候，通常会对同类产品进行对比，如果单纯利用降价的方式，可能会造成顾客对产品质量担忧，但是利用产品配套购买可优惠，或者送赠品的方式，既不会让顾客对品质产生怀疑，又能让顾客产生在同类产品中相对划算的想法而进行下单。

> **特别提醒**
>
> 顾客购买后，搭配效果很好，能让顾客在生活中获得朋友的赞美，这会加强顾客的信任，同时增加顾客的黏性。

例如，卖服装的主播，可以在直播间选择一组已搭配好的服装进行组合销售，这样会让顾客在观看时，省去搭配的烦恼，也更好地吸引顾客下单。所以，一般这样的直播间产品销量都比较好。

（5）选择一组产品进行故事创作

在筛选产品的同时，可以利用产品进行创意构思，再加上场景化的故事，创作出有趣的直播带货。

故事的创作可以是某一类产品的巧妙利用，介绍这个产品并非平时所具有的功效，你可以在原有基础功能上进行创新。另外，你也可以介绍产品与产品之间的妙用、讲解产品与产品之间的主题故事等。

9.1.6 营造氛围，快速下单

营造紧迫感可以在时间、数量上进行限制。顾客在紧张的气氛下会产生抢购的心理，从而下单购买。

> **特别提醒**
>
> 限时抢购的产品通常能吸引大量顾客，因为在直播间下单有优惠，再加上"限时抢购"的方式，可以促使更多顾客购买。

（1）时间上的紧迫

制造时间上的紧迫感，可以通过限时抢购、限时促销等活动，吸引顾客进行购买。如图9-9所示，为京东限时抢购的产品。

图9-9 京东限时抢购的产品

除此之外，你可以在直播标题上做内容，淘宝购物平台的一些商家经常会在标题上打造"秒杀""倒计时"的字眼，如图9-10所示。

第9章
直播卖货，推荐好物

图 9-10　直播标题上的"秒杀"字眼

（2）数量上的紧迫

数量上的紧迫主要是限量抢购，限量抢购的产品通常也是限时抢购的产品，但也有可能是孤品、限量款、清仓断码款。例如，直播间中的清仓产品，如图9-11所示。

图 9-11　京东品牌清仓标签中的产品

在淘宝平台，经常会看到"清仓"或者"专柜下架"的直播间，如图9-12所示。除此之外，我们还能对直播产品进行限量分批上架，制造紧缺感。

图 9-12　淘宝平台"清仓"和"专柜下架"的直播间

9.2　直播手段，带货关键

直播最大的价值就是在直播中能吸引顾客的注意力，使得带货的销量更高。总而言之，直播只是带货的一种方式和手段。

在直播的过程中，顾客的关注度较传统的电商销售更高，画面也较传统的电商商品菜单更为形象、更为生动，且不会受到其他同类商品的影响，商品转化率比传统的电商购买更高，这也是直播带货流行的原因之一。

9.2.1　专业导购，答疑解惑

产品不同推销方式也有所不同，对于许多具有专业性的产品，在推广的直播中，需进行专业型讲解，例如汽车直播，多为男性顾客，并且喜欢观看驾驶实况，观看直播是为了了解汽车资讯以及买车，所以专业型的直播更受青睐。

在汽车直播中，顾客最关心的还是汽车的性能、配置以及价格，所以更需要专业的导购。同时，汽车直播也多在汽车资讯平台进行，专业的平台积累了更专业的内容、资源、服务以及更稳定的顾客。但是汽车直播相对其他电商直播来说，顾客转换率还是偏低。如图9-13所示为两家平台的汽车直播。

图 9-13　两大汽车平台直播

9.2.2　创意直播，展示产品

想要利用直播做好营销，最重要的就是要结合产品，向顾客呈现产品所带来的改变，也是证明产品实力的最佳方法，只要改变是好的，对顾客而言是有实用价值的，那么这个营销就是成功的。

顾客观看完直播后，发现这款产品与众不同，就会产生购买产品的欲望，所以在直播中展示产品带来的改变是非常重要的。

例如，淘宝直播中有一家专卖服装的商家，在策划直播时，为了突出自己服装的风格，决定请一些模特来展示，并且教顾客如何搭配好看、如何花最实惠的价钱买到最合适的衣服。这样的直播间会吸引很多顾客前来围观，并收获大量粉丝，也为商铺带来不少收益。

> **特别提醒**
>
> 在直播中,一定要将产品的优势和实力尽量在短时间内展示出来,让顾客看到产品的独特魅力所在,这样才能有效地将直播变为营销手段,才能更好地把产品销售出去。

9.2.3 放大优势,便于记忆

放大优势,其实就是在直播带货中,既要抓住产品的特点,又要抓住当下的热点,两者相结合才能产生最佳的市场效果,打造出传播广泛的直播形式。

主播在带货时,如果能够把产品特色与时下热点相结合,带货成绩一定是优异的。很多顾客会被你这种别具一格的直播形式吸引,你的粉丝量必定也会大大增加。

9.2.4 围绕特点,策划段子

"段子"本身是相声表演中的一个艺术术语。随着时代的变化,它的含义不断拓展,也多了一些"红段子""冷段子""黑段子"的独特内涵。近几年频繁活跃在互联网的各大社交平台上。

除此之外,也可以策划幽默段子,幽默段子作为最受人们欢迎的幽默方式之一,也得到了广泛的传播和发扬。微博、综艺节目、朋友圈里将幽默段子运用得出神入化的人比比皆是,这样的方式也赢得了众多粉丝的追捧。

在著名央视"段子手"朱广权与"带货一哥"李佳琦连麦共同为武汉带货的直播间,他们就运用了幽默段子方法,吸引了众多粉丝观看,网友们在弹幕中直呼太精彩了。同时,他们当天的带货成绩也是非常优异的,如图9-14所示。

在这场直播间中,朱广权讲述了许多段子,例如"我命由你们不由天,我就属于佳琦直播间""烟笼寒水月笼沙,不止东湖与樱花,门前风景雨来佳,还有莲藕鱼糕玉露茶,凤爪藕带热干面,米酒香菇小龙虾,守住金莲不自夸,赶紧下单买回家,买它买它就买它,热干面和小龙虾"。

图9-14 利用"段子"进行带货

9.2.5 言之有物,精准营销

主播在直播带货时,一定要分享实用性的内容,一定要言之有物,如果表达的观点既没有内涵,又没有深度,是不会获得顾客长久支持的,也不会有多大的热度。

其次是要精准营销。直播营销虽然已经成为大势所趋,但也存在一些不可避免的缺陷。比如,一些企业的直播受众很多都是假粉,因为他们只看不买。因此,如何使直播顾客转化为有价值的顾客,是企业进行直播营销的关键所在,而巧用口令红包券可以解决这一问题。

当然,在使用口令红包券这一技巧吸引顾客时,有两个需要注意的事项,如图9-15所示。

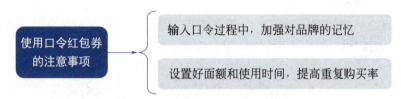

图 9-15 使用口令红包券的注意事项

不管是何种形式的营销,精确度都是最重要的。因此,如何在直播营销中找准受众,提高转化率也是我们必然要掌握的重要知识点。

9.2.6 场景植入,展现品牌

在直播营销中,想要不露痕迹地推销产品,做到让顾客不反感,最重要的就是要将带货的产品场景化。这种场景营销类似于植入式广告,目的在于营销,方法可以多种多样。将产品融入场景的技巧有如下3点。

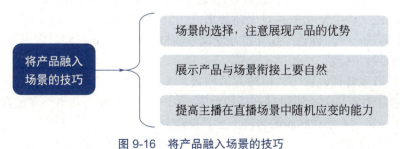

图 9-16 将产品融入场景的技巧

9.2.7 建立口碑，吸引顾客

现在很多顾客购买产品时，越来越理性，不再盲目消费。同时，注重的不仅是产品的价格，还有产品的口碑，所以口碑的建立和积累可以让电商的营销更为持久。

口碑为品牌建立了一个良好的正面形象，并且口碑的力量会在使用和传播过程中不断叠加，从而为品牌带来更多的顾客。例如，淘宝平台的店铺拥有3个评分：宝贝描述、卖家服务、物流服务。3个评分的高低在一定程度上会影响用户的购买率。

优质的产品是建立好口碑的关键所在，同样，做好售后服务也是口碑营销的重点，如果售后服务处理得不好，会让顾客对产品的看法大打折扣，并且降低复购率，所以优质的售后服务会树立一个良好的口碑，与此同时，你的店铺会吸引更多的顾客。

口碑是品牌的整体形象，口碑营销最重要的就是要不断提高顾客体验感，视频运营者们可以从以下3个方面进行改善，如图9-17所示。

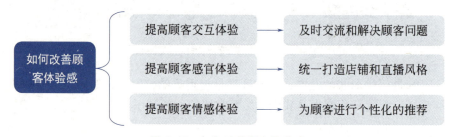

图9-17 如何改善顾客体验感

一个好的口碑又具有哪些影响呢？

① 挖掘潜在顾客。口碑营销在顾客购买过程中影响重大，尤其是潜在顾客，他会询问使用过该产品的顾客的切实体验，或者查看产品评论。所以，已使用过产品的顾客的评价，在很大程度上会动摇潜在顾客的消费心理。

② 提高产品复购率。对于品牌来说，信誉，也就是所谓的口碑，是社会认同的体现。好口碑就是提高产品复购率的最佳营销方案，同时它也会反映出品牌的良好信誉值。

③ 增强营销说服力。口碑营销相较于传统营销，更具感染力，口碑营销的产品营销者其实是使用过产品的顾客，而不是品牌方，其与潜在顾客一样，都属于顾客，在潜在顾客的购买上更具说服力。

④ 节约营销成本。口碑的建立能够节约品牌在广告投放上的成本，为企业的长期发展节省宣传成本，并且替品牌进行口口传播。

⑤ 促进企业发展。口碑营销有助于减少企业营销推广的成本，并增加顾客数量，最后推动企业成长和发展。

9.2.8 专注产品，奠定基础

一个直播只卖一个产品，这听起来会不利于其他产品的促销，但实际上为了让顾客更加关注你的产品，专注于一个产品才是最可靠的。而且这种方法对于那些没有过多直播经验的企业来说更为实用。

企业的直播专注于一个产品，成功的概率会更大。当然，在打造专属产品时，企业还需注意两点，如图9-18所示。

图 9-18　打造专属产品的要求

通过这两种方法，企业的产品就会进入顾客的视野范围，给顾客留下深刻的印象，从而为产品的销售打下良好的基础。

9.2.9 利用福利，发送惊喜

想让顾客在观看直播时快速下单，利用送福利的方式能起到很好的效果。因为这很好地抓住了顾客偏向优惠福利的心理，从而"诱导"其购买产品。

在直播中，主播为了最大限度吸引顾客购买产品，会发出福利，比如打折、秒杀等。如图9-19所示，为主播在展示产品的外观与款式，顾客在观看过程中，如果觉得合适，就可以在直播页面的下方点击产品链接，直接下单，如图9-20所示。

在直播中，主播以"福利"为主题，会使出浑身解数进行促销。首先是为顾客全面介绍产品的优势；其次是主题上表明"品牌""一折"的关键字眼，引起顾客的注意；最后是直接在直播中送超值包包购买福利。

一般的企业、商家在产品上新时，都会进行大力宣传，这时候如果主播给顾客送福利，顾客不仅会对新品充满无限期待，还能毫不犹豫地下单，而这样的形式，也会替顾客摆脱由于新品价格高昂，而望而却步的烦恼。

除此之外，在折扣、清仓的时候同样也很适用，而且这种送福利的方式能最大限度地调动顾客购物的积极性，清仓优惠谁会舍得错过呢？

图 9-19 展示产品的外观与款式

图 9-20 直播中的打折产品

例如，在京东直播中，有个叫"兴影服装店"的直播间做了一场折扣活动，如图 9-21 所示。所有爆款纯棉短袖一折清仓，这引起了众多顾客的围观。主播耐心展示每款清仓产品，如图 9-22 所示。

图 9-21 "兴影服装店"直播

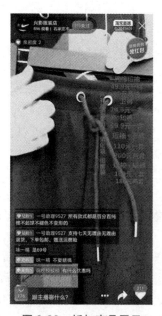

图 9-22 折扣产品展示

> **特别提醒**
>
> 在直播中发送优惠券也会吸引顾客。人们往往都会对优惠的东西失去抵抗力,像平时人们总会愿意在超市打折、促销的时候购物一样,顾客在网上购物也想获得一些优惠。
>
> 送优惠券的方式分为3种,如下所示。
> - 通过直播链接发放优惠券。
> - 在直播中发送优惠券弹窗。
> - 在直播中抽奖送礼物。

9.2.10 送出优惠,引导消费

在直播中,体现物美价廉是吸引顾客关注并下单的又一个技巧。比如,主播在直播时反复说"性价比高,包您满意"等语句,有很多人会觉得这样的吆喝太过直接,但其实需要主播传达这样的信息,因为大部分顾客都持有物美价廉的消费观。

例如,有一位推销VR眼镜的淘宝店主在斗鱼平台上进行直播时,就利用了几个技巧吸引了上万顾客的关注,一时间这家店铺的热度蹭蹭地上升,产品也由此得以大卖。那么,这位淘宝店主究竟是怎么做的呢?笔者将营销流程总结为3个步骤,如图9-23所示。

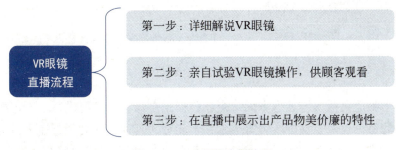

图 9-23 VR 眼镜直播流程

同时,主播还给顾客送上了特别优惠,给"物美价廉"又增添了几分魅力,不断吸引顾客前去淘宝下单,这款产品也成了该主播的爆款。

9.2.11 设置悬念，心理诱导

制造悬念是吸引人气的直接方法，很多商家在对产品进行营销时会使用到，这对直播变现也同样适用。比如，在直播中，与顾客互动挑战，会激发顾客的参与热情，同时也会使得顾客一直以期待和好奇的心理观看你的直播。

例如，微鲸电视曾经很好地利用了设悬念网人气的方法。趁着欧洲杯人们对足球的热情高涨，很多企业加入直播的大队伍之中，微鲸电视也一样，它联合美拍进行了一场主题为"颠疯挑战"的直播，最后获得了巨大成功。

在那次直播中，最大的看点就是"中国花式足球第一人"谢华参与挑战2小时颠球4000下。这次挑战直播设置了悬念，留住了顾客，还有效增强了顾客对微鲸品牌的好感度。

此外，通过设置直播标题和内容双料悬念也是网罗人气的一大绝佳方法。有些直播标题虽然充满悬念，但直播内容却索然无味，这就是人们常说的"标题党"。那么，要如何设置直播标题悬念呢？笔者将其总计为3种方法，如图9-24所示。

图 9-24 设置悬念标题的方法

至于制造直播内容悬念方面，企业要根据自身实际情况进行，一定要考虑到产品的特色以及主播的实力等因素，不能夸大其词。在淘宝直播平台上，就有很多制造悬念的直播标题，例如，"骑车比开车好？""这样保养能年轻40岁"等，如图9-25所示。

带有悬念的直播更容易吸引顾客的好奇心，从而将其转化为粉丝，实现变现。因此，设悬念网人气不失为直播变现的一个绝妙策略。

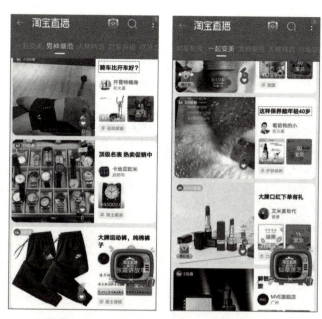

图 9-25　直播悬念标题案例

9.2.12　亲身体验，获得信赖

直播变现的技巧除了围绕产品本身一展身手，还有一种高效的方法，即在直播中加入对比。对比使得顾客更加信任你的产品，同时也可以带动气氛，激发顾客购买的欲望。当然，进行产品对比还需要一些小诀窍，笔者将其总结为以下4点，如图9-26所示。

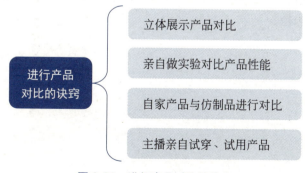

图 9-26　进行产品对比的诀窍

在这些诀窍中,尤其是主播亲自试穿、试用产品,在这一点上能引起顾客的共鸣,获得顾客的信赖。例如,淘宝直播中有一个专门卖口红的店家,主播在直播时,通过亲自试用的方式,展示出不同颜色的口红和使用效果,完美地把产品具有的所有特点展示给顾客,并且她还将不同的口红进行比较,目的就是让顾客买到性价比最高的产品,如图9-27所示。

图 9-27　淘宝店家在直播中亲自对比产品

这样的直播方式吸引了一大批粉丝进行评论与交流,也让更多顾客产生在该直播间下单的想法。

由此可以看出,在直播中加入对比的方法确实能吸引顾客的关注,还能为直播增加一些乐趣。

第 10 章

视频带货，激发渴望

当今社会，短视频的蓬勃发展俨然成了一个大趋势，在这个发展趋势下，衍生出了各种不同的模式，视频带货就是这个趋势下的胜利者。

本章主要讲述视频带货存在的优势和如何在短视频带货中获得盈利。

10.1 3大优势,视频带货

2019年"618"期间,某网红借助抖音短视频平台,创下了3分钟销售600万元的佳绩。那么,短视频带货有哪些优势呢?为什么这位网红可以创下如此销售数据?

10.1.1 流量创造,能力较强

截至2020年8月,包含抖音火山版在内,抖音的日活跃用户已经超过了6亿,月活跃用户更是超过了5亿。从这么庞大的活跃用户数来看,抖音平台的流量创造能力是非常强大的。在抖音平台,只要发布的内容足够优质,你就能获得非常可观的流量。

图10-1所示的两条视频,发布时间只有短短1天,但是点赞量却分别达到了几十万和几百万。

图 10-1 获得强大流量的短视频

10.1.2 粉丝经济，独特黏性

粉丝经济是指通过粉丝关系的构架，进行经营性创收的行为。很多人在购买商品时，都会听取信任的人的意见，或者是在自己信任的人的店铺中购买。如果你能把短视频运营好，那么便可获取用户的关注和信任，这样就能在粉丝经济的支撑下获得一定的收入。

用户对于自己关注的账号本来就会比较信任，再加上官方的支持，因此，短视频平台借助粉丝经济带来的转化率会更高一些。具体来说，抖音官方对于粉丝经济的支持主要可以分为两个方面：一是抖音用户关注的账号在发布短视频时，内容会优先推送；二是抖音用户关注的账号发布的视频，会第一时间出现在抖音的"关注"界面。

图10-2所示的两条视频都是出现在"关注"里的视频，用户看到自己关注的抖音号打广告，对他们的信任度很高，如果对产品有需求，就愿意点击视频中的链接购买。

图 10-2 "关注"界面

10.1.3 视频标签，互动活跃

借助短视频内容的长期输出，账号运营者可以打造标签化的IP。而这种标签化的口碑又在用户心中有较强的号召力，从而可以有效刺激用户的购买欲望，提高产品的转化率。

例如，在抖音平台，一个叫作"老六的日常"的账号，其视频的标签就是日常穿搭分享，如图10-3所示。

图10-3 "老六的日常"的抖音主页和发布的短视频

该账号的运营者经常会在视频中进行产品带货，他会向不同群体的人推荐不同产品，再加上带货的产品都是比较好看且平价的，因此，该运营者在许多用户心中有很好的印象，很多人会购买他的产品。

抖音短视频具有很强的互动性，许多用户会积极在评论区与运营者进行互动。图10-4所示的评论区中，视频运营者在耐心回复用户的问题。这就很好地满足了用户渴望答案的心理，也为自己店铺的产品进行了推广。

图 10-4　与用户积极进行互动

10.2　视频营销，如何盈利

对于许多账号运营者来说，运营的关键在于通过短视频营销进行带货盈利。那么，如何通过短视频营销让带货盈利获得更好的效果呢？接下来将进行介绍。

10.2.1　选对产品，增加转化

运营者通过抖音引流卖货时，需要针对自己的粉丝特点提供精准的商品，这样才能获得更多收益。

（1）高毛利

因为抖音等短视频平台并不是真正意义上的电商平台，用户的购物需求并不旺盛，他们在抖音上买东西更多的时候是一时兴起，因此，运营者要尽可能

围绕消费者诉求找一些高单价、高毛利的产品，这样才能够保证自身的利润。

抖音运营者一定要选择正品货源。其次是品类定位，要选择自己喜欢的产品。这样带货的效果不会太差。

销售额=单价×成单量，利润又与销售额直接挂钩，所以，这两个变量很重要。其实薄利多销的带货方式并不适合刚起步做带货的运营者，因为无论是出于经验还是资源考虑，都不可能短时间获得大量的订单，所以就要控制合理的"高"单价，然后通过其他的附加福利，辅助自己的销售，做出好的业绩。

（2）复购高

运营者应选择一些复购率较高的产品，吸引用户长期购买，提升老客户黏性，避免付出过高的引流成本。

成功的运营者，大部分利润都是来自老客户的，所以运营者要不断提升产品竞争力、品牌竞争力、服务竞争力和营销竞争力，促进客户的二次购买，甚至实现长期合作。

要做到这一点，关键在于货源的选择，运营者必须记住一句话，那就是"产品的选择远远大于盲目的努力"，因此，要尽可能选择一些能够让粉丝产生依赖的货源。

（3）用户刚需

精准地掌握用户刚需，牢牢把住市场需求，这是所有运营者都必须具备的敏感技能。任何商品最后都是需要卖出去的，因为只有将商品卖给用户，才能获得一定的盈利。

那么，用户为什么要买你的产品呢？最基本的答案就是，你的产品或服务能够满足他的需求，或者说你的产品能解决他现在面临的难题。例如，共享单车的出现，解决了人们就近出行的刚需难题，因此很快就火爆起来。

刚需是刚性需求（Inelastic Demand）的简称，是指在商品供求关系中受价格影响较小的需求，是人们生活中必须要用的。所以，运营者选择的带货产品，要抓住用户的刚性需求，这样才能保证用户购买。

10.2.2 6大技巧，拍摄视频

抖音短视频之所以能够如此火爆，是由于其拥有强大的社交传播能力和广告带货能力。而这两个能力的大小，又是由抖音平台基因和用户的状态决定的。举个例子，当抖音用户在观看视频时，他们的状态是放松、随机的，在这种情况下，他们就非常容易被动接受广告博主的植入信息。

抖音运营者想拍出一个具有广告带货能力的短视频，必定要掌握一些拍摄技巧。那么如何巧妙地运用技巧将广告植入到你发布的视频中去呢？笔者给大家总结了5点，接下来一一详解。

（1）创意产品，展示神奇功能

如果你的产品本身就很有趣味和创意，或者自带话题性，则不需要绕弯子，可以直接展示产品的神奇功能。

例如，图10-5所示的截图中，视频运营者通过语音询问的方式，向用户展示了小爱音箱的强大功能。你只要呼叫"小爱同学"，就可以唤醒它，和它进行对话。

图10-5　展现产品的神奇功能

因此，许多用户在看到这些神奇功能之后，会觉得小米音箱的确有过人之处，而这便给用户提供了一个购买小米音箱的理由。

总的来说，如果产品已经做得很有创意并且功能新颖，方便随时展示，就可以在抖音上直接营销推广。例如讯飞语记App，在抖音上直接展示了App的重要功能，将语音转化为图片。

这种营销方法非常适合电商，尤其是一些用法比较独特的商品，比如手机壳和自拍杆融为一体的"聚会神器""会跳舞的太阳花"等，都是由一个视频引发出的爆款，一瞬间一个平平无奇的产品成了热销品。

一般来说，很多新品上市的时候，都有自己的卖点，只要传达出特色，就能有不错的销量。抖音上有很多带货达人，他们都有自己独特的带货风格，他们能够把产品的卖点和特色充分展现出来，给消费者带去不一样的购物体验。

（2）放大优势，便于受众记忆

那么，对于一些功能没有太多亮点的产品，该怎么办？可以就产品的某个或某几个独有的特征，尝试用夸张的方式呈现，这样会加强受众记忆。

与上一个方法的不同之处在于，"放大优势"是在已有功能上进行新的创意表现。

例如，某微胖女孩先展示了自己的真实身材，然后通过搭配，整个人瞬间变得酷酷的，身材也显得更好了。若看视频的用户也是视频中这样的身材，会觉得穿这样的衣服能给自己加分不少。这些衣服的性价比又非常高。这样一来，衣服的优势得到了放大，用户也对其留下了深刻的印象。

（3）策划段子，刺激购买需求

抖音运营者在策划短视频广告时，可以围绕产品本身的功能和特点，结合创意段子，对常见的产品功能进行重新演绎，打造形式新颖的短视频内容，刺激抖音用户的购买需求。

如图10-6所示，就是通过策划当下比较流行的段子进行卖货。一般来说，对于这种创意短视频段子，用户会愿意参与其中，如果觉得自己有需求，就会购买。

图10-6　创意短视频段子

（4）分享干货，产品使用技巧

知识干货类的内容在抖音上非常受欢迎，这类短视频由于讲解清晰，粉丝用很短的时间即可掌握，所以大家乐于点赞和分享。例如，账号名称叫作"华为玩机技巧"的短视频运营者，经常发布一些干货类短视频，同时植入产品的各种使用方法，如图10-7所示。

图 10-7　华为手机的摄影干货小视频

通过干货性质的短视频内容，观众能够学到一些具有实用性和技巧性的生活常识和操作技巧，帮助他们解决平时遇到的一些疑问和难题。基于这一点，也决定了创作者在短视频内容运营方面是专业的，内容要接地气，带来的是实实在在的经验积累。

（5）场景植入，恰当露出品牌

所谓的场景植入，很容易理解，就像我们在看电视剧或者电影的时候，经常能看到人物后面出现的广告和产品，这就是场景植入。如果你是一个带货的短视频运营者，在拍摄抖音视频时，可以在人物的旁边展现你要宣传的产品或者产品LOGO等，这样会达到一个不错的宣传效果。

场景植入有点像传统广告的植入，就是在视频中恰当地把品牌露出，让用户记住。比如，一个生活小窍门或某个搞笑片段，在桌角放产品、人物背景后有品牌或者背景有广告声音等，这都是简单有效的产品植入方法。

例如，图10-8所示的视频中，"美的"虽然没有直接给出产品购买链接，但却借助场景，在合适的时候露出了"美的"的专属LOGO。这种做法营销痕迹相对较弱，用户接受度比较高。

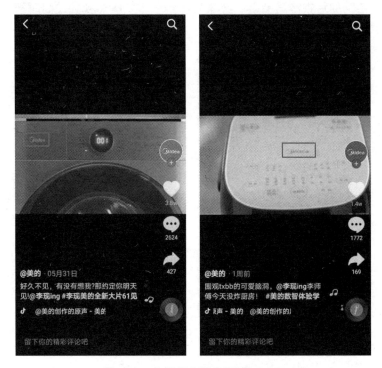

图10-8　在视频中露出品牌LOGO

（6）口碑营销，展示用户体验

产品好不好，不一定要企业自己来说，完全可以在抖音上展示用户体验和产品口碑，从侧面呈现销量的火爆。为了更好地呈现产品口碑，企业可以在抖音展示品牌的独有特色、各种优质服务等场景画面。

例如，广受年轻人喜爱的"肯德基"就是利用视频做口碑营销。在肯德基官方账号发布的视频中，经常能看到运营者把食物和一些励志型的文字相结合，以此来吸引客户的目光，如图10-9所示。这似乎就是在提醒消费者："我们是一家具有励志精神的食品企业，享用了我们的食物，你就能充满力量，实现梦想。"

如果抖音运营者希望自己拥有更多的粉丝，可以通过这种形式展现：封面一定要会借力，标题要有吸引力。切记：视频中不得含有任何负面内容！

图 10-9　肯德基的短视频口碑营销

10.2.3　达人合作，借势成长

随着近年来的不断发展，抖音开始成为国内的重要社交平台，甚至成了一个重要的购物平台，正是因为如此，越来越多的人开始通过运营抖音号来进行商业经营。于是，抖音平台上出现了一些拥有成熟 IP 的头部账号。

例如，在抖音平台，有一个叫"李子柒"的抖音号（图10-10），该账号的运营者经常在抖音发布一些制作美食的视频，受到很多人的关注和喜爱，他的粉丝量也达到了4000多万。

该视频运营者平时会在自己发布的视频中添加产品链接，一般都是些食品。因为她主打的是通过原生态、健康、无污染的美食制作手法制作美食，还创立了自己的品牌，如李子柒螺蛳粉。

图 10-10　"李子柒"的抖音主页

图 10-11　与头部达人合作制作和分发内容

在抖音短视频平台，拥有 4000 多万粉丝的"李子柒"成了美食自媒体的头部账号。这样的抖音号发布的短视频内容，会比一般抖音号发布的内容更具号召力。

所以，如果抖音账号运营者运营的账号影响力比较有限，又想快速将产品销售出去，那么，不妨与行业内的头部账号寻求合作，借助头部账号的影响力，达成自身的目标。

例如，某位抖音网红便借助"李子柒"的影响力，在他的抖音号中发布了一条短视频，如图 10-11 所示。这显然就是通过与头部达人合作，进行制作和分发内容，而其获得的宣传推广效果也是比较好的，其中不少观看视频的人看见产品是由李子柒所研发的，便马上下单购买。由此得知，通过和头部达人合作，给自己的账号平台也增加了知名度，带来了很多机会，商品的销售量也比以前翻了好几倍。

10.2.4　兼顾传统，有利传播

传统短视频之所以能够快速获得传播，可能是因为销售的产品价格比较优惠、功能比较实用，所以能得到很多用户的青睐。其实，运营者在制作带货视频时，也可以兼顾这些传播因素，更好地满足抖音用户的需求，促进视频的传播和产品的销售。

（1）价格优惠

在购买商品时，绝大部分人都会将价格作为重要的参考因素。因此，如果你销售的产品价格比较优惠，那么抖音用户自然会更愿意购买。

例如，图 10-12 所示的两条短视频中，其中一条短视频明确表示"限时秒杀"，另一条视频同样也是把水果的价格降到最低，突出优惠力度。这两条短视频就是以价格优惠作为卖点进行卖货的，如果用户觉得确实优惠，视频会更容易获得关注，也就更容易发生购买行为。

（2）功能实用

除了优惠之外，功能的实用性也是消费者的关注重点之一。针对这一点，可以在短视频中展示产品的操作方法，如图 10-13 所示。如果用户觉得产品功能实用，操作方便、简单，就会认为该产品是值得购买的。

第 10 章
视频带货，激发渴望

图 10-12　通过优惠价格带货

图 10-13　通过实用功能带货

10.2.5 视频带货，最新玩法

随着抖音平台的不断发展，抖音短视频带货的玩法越来越丰富。这一节就为大家重点介绍3种。

（1）展现生产场景

网购因为看不见实物，天然存在一种不信任感。如果是价格比较低的产品，用户会觉得风险低，抱着试一试的心态下单购买，如果产品的价格比较高，用户就比较慎重。

面对这种情况，账号运营者可以通过展现生产场景的方式，让用户觉得产品是值这个价钱的，可以放心购买。

在下面这则短视频中，店家销售的吊坠价格比较高，一般人不会购买。如图10-14所示，该视频直接将吊坠的生产过程展现出来，让用户明白，吊坠都是手工打造出来的，并且质量是比较有保障的，这样会赢得用户的信任，从而进行购买。

图10-14 展现生产场景的短视频

（2）原产地采摘产品

用户在购买产品时，关注点会因为产品的种类而出现一定的差异。对于一般的产品，大多数用户可能会比较关注价格；对于一些使用频繁的产品，用户可能会比较关注耐用程度；而对于一些新鲜的产品，如生鲜类，用户可能会比较关注新鲜程度。

那么，如何告诉用户产品是非常新鲜的呢？其中一种比较有效的方法就是用短视频呈现产品的原产地，甚至原产地采摘产品的场景。用户看到之后，会觉得你的产品是在原产地采摘之后直接发货的。

图10-15所示的短视频中，作者一开始就向用户展示紫菜的原产地，讲着讲着，直接品尝了手边的产品。

图 10-15　原产地采摘产品的短视频

（3）欲扬先抑

绝大多数卖家在销售产品时，可能会将产品的各种优势进行夸张的宣传。因此，如果卖家只展示产品的优势，可能会引起部分用户的反感。

针对这种情况，一部分卖家找到了卖货新玩法，那就是采用欲扬先抑的方法，先贬低产品，显示产品的不足，然后再进行转折，让用户看到其优势。这种方法有些反常规，对产品的缺点也有说明，所以，用户更容易被吸引，也更容易相信营销内容。

图10-16所示的短视频中，运营者先是在视频标题的前半部分说"这个毛巾看起来太小巧，不怎么好用"，但在视频中间又很好地展示了产品的质地和

手感。并且说:"要比其他一次性毛巾要厚实很多,擦起来也更舒服。"这就会让用户觉得这款毛巾还是值得购买的。

图 10-16 欲扬先抑的短视频

第11章

平台小店，高效转化

平台小店是短视频平台运营者必须要重点把握的功能，可以通过在平台小店添加商品，达到销售产品的目的，获取利益。

本章主要是让读者了解平台小店的基础知识、开通方法和运营技巧。

11.1 快手小店，营销获利

快手短视频平台不断推出新功能，与时俱进、不断发展。2018年6月，快手推出快手小店功能，这一功能的推出，为快手的视频运营者带来了无限商机，很多视频运营者从中获利。

11.1.1 小店介绍，掌握基础

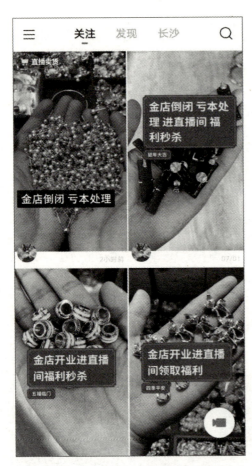

图 11-1　直播间"直播带货"图标

"快手小店"是快手短视频App内上线的商家功能，它意在为快手优质用户提供便捷的商品售卖服务，高效地将自身流量转化为收益。快手小店由快手商品、营销中心、其他平台商品、基本工具和商家成长这5个部分组成，每个组成部分都有它一定的价值。

快手小店功能里有个快手购物车，它是视频运营者在分享新鲜好物时常有的组件，它的标识和抖音一样，都是一个小型黄色购物车。

我们在看快手直播时，经常能看到直播封面左上方有 [直播卖货] 的图标，如图11-1所示。随后，我们进入直播间，就能在直播画面的下方发现 [图]，这个图标就是快手小店里的购物车，它能添加商品链接，我们只需点击这个图标，就能看到该电商运营者带货的产品，如图11-2所示。

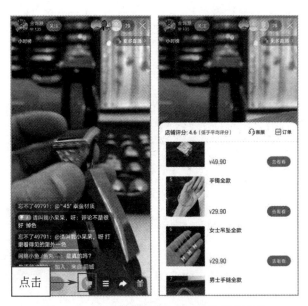

图 11-2　快手直播间购物车链接和带货产品

11.1.2　快手小店，获得机遇

快手小店功能给快手的视频运营者带来了很大转变，给一些拥有网店的视频运营者带来了新的商机，也给没有网店的普通账号运营者带来了新的机遇。

（1）多样的收入方式，流量转化为收益

商家可以利用快手小店中的快手购物车功能，将自家的产品链接插入正在直播的界面，当快手用户刷到了你的直播时，他们对产品感兴趣的话，就会点击链接查看详情，如果产生购买欲望，就会直接下单，所以这样的功能是不是给你的产品多了一个便捷有效的销售渠道呢？

（2）便捷的商品管理和售卖

其实，在大多数电商平台，必须先要开设店铺才能销售产品，完成变现，而在快手小店却有很大不同，即便一些视频运营者没有自己的店铺，也可以通过添加别人店铺的产品链接，去销售产品，并且获得一定的佣金。所以，快手小店功能的推出，给有销售产品想法的人提供了巨大的机会，只要你想参与，就可销售产品，实现变现，非常快速便捷。

（3）额外的曝光机会

快手官方平台针对开通快手小店的运营者会增加额外曝光，也就是说，你获得了更多的机会去展示产品，带货的产品也会被更多人看到。

11.1.3 违禁商品，禁止分享

快手小店虽然允许视频运营者销售产品，但是有些产品是快手平台禁止分享和销售的，笔者给大家总结了13种类目，具体内容如图11-3所示。

图 11-3　快手禁止分享的商品类目（内容来源：百度）

快手官方平台已经对禁止分享和销售的商品类别进行了明确公示。同时，为了更好地规范某些快手电商销售违禁商品，如若违规，便会进行相应的处罚。如图11-4所示为抖音官方平台颁布的违规处理条令。

图 11-4　违规处理条令（内容来源：百度）

11.1.4 小店达人，遵守规则

快手视频运营者想利用快手小店功能去销售产品，一定要遵守官方平台的

规则。那么如何去查看规则中心的具体内容呢？笔者接下来就进行介绍。

登陆快手短视频App，点击■按钮，便能看到"更多"功能选框，点击"更多"按钮，便可在界面中看到"快手小店"，点击"快手小店"按钮，进入"买家端卖家端"的界面，在该界面下方，可以看到"规则中心"，点击"规则中心"按钮，如图11-5所示，便可直接进入"规则中心"界面，如图11-6所示。

图11-5 点击"规则中心"

图11-6 "规则中心"界面

11.1.5 商品分享，注意事项

快手现如今是比较火爆的带货平台，在一些特殊节日，1小时就能卖出成千上万的订单，甚至还经常卖断货。视频运营者想要在快手平台经营好自己，还需要注意以下几点。

（1）货源必须要优质

怎么判断自己分享的商品是好是坏？首先是性价比，性价比越高的商品越容易得到用户的青睐。如果你分享的商品性价比不高，甚至是极低的，那么你的带货能力再好，也很难把商品销售出去，即使能销出部分，也会遭到消费者的差评。

所以，快手达人在分享商品时，一定要注重商品的优质性，把性价比放在第一位，这样对你以后的小店经营会有很大帮助。因为你在刚开始就建立了良好的口碑，消费者们更愿意购买你分享的商品。

（2）一定要多积累粉丝

粉丝，也就是快手用户。快手达人在经营快手小店前期，一定要积累足够多的粉丝，这可以避免直播间过于冷清，直播时没几个人在看。

如何快速吸粉？笔者认为，可以经常发布一些有趣的视频内容或者搞笑的段子，甚至可以经常参与热门话题，提高账号热度，做到这几点，粉丝自然就会增加了。

11.2 管理小店，获取权限

这一小节将重点介绍快手小店功能的开通和使用。

11.2.1 快手小店，开通方法

▶步骤01 登录快手短视频App，❶点击≡按钮，在弹出的选项栏中，❷选择"更多"选项，进入"侧边栏功能"和"更多功能"界面，在"更多功能"界面点击"快手小店"的按钮，如图11-7所示。

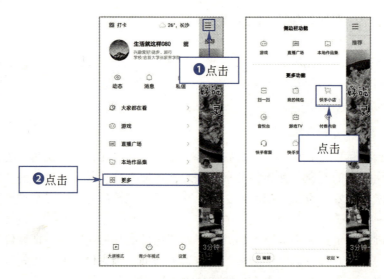

图11-7 "侧边栏功能"和"更多功能"界面

> 步骤02 进入"快手小店"界面，❶点击界面中"我要开店"按钮，弹出"开通快手小店需要通过实名认证"对话框，❷点击"去认证"按钮即可，如图11-8所示。

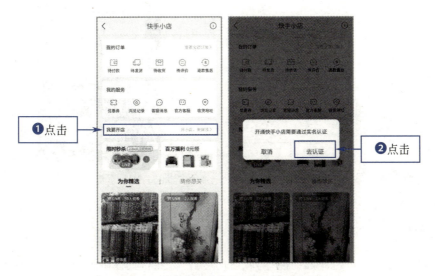

图11-8 "我要开店"和"去认证"界面

> 步骤03 在"上传身份证明"界面按步骤填写相关信息，然后点击"下一步"按钮，进入"资料填写"界面，按要求提交资料后，点击"确定提交"按钮。

> 步骤04 确认提交后，进入"个人信息使用授权书"界面，点击"同意授权，并继续"按钮，进行人脸验证，只需按照验证要求进行验证即可。

> 步骤05 人脸验证成功后，直接进入"买家端卖家端"界面，点击"0元开通"按钮，如图11-9所示。

> 步骤06 点击完成后，便会进入"使用须知"界面，只需勾选《快手小店商品信息发布功能服务协议》复选框，并点击"确认"按钮，操作如图11-10所示。

> 步骤07 确认完成后，进入"开通快手商品服务"界面，信息填好之后，点击"提交"按钮，便会弹出"签约指引"对话框，认真阅读"签约指引"的相关内容，点击"同意"按钮，便出现"开通成功"界面。

图 11-9 "买家端卖家端"界面

图 11-10 点击"确认"按钮

11.2.2 快手商品，如何添加

如何在快手平台添加商品，并进行分类？下面将具体讲解。

（1）添加商品

步骤01 登录快手短视频 App，进入快手小店，点击"添加商品"按钮，如图 11-11 所示。进入"添加商品"界面，如图 11-12 所示。

图 11-11 点击"添加商品"

图 11-12 进入"添加商品"界面

步骤02 在"添加商品"界面中,点击商品类别里的"请选择"按钮,便可进入"选择商品类别"界面,选择要销售的产品。笔者在这里选择的是食品类别里的"方便食品",如图11-13所示。

步骤03 点击该按钮,系统会自动跳出"资质需求"对话框,只需点击"上传资质"按钮即可,如图11-14所示。

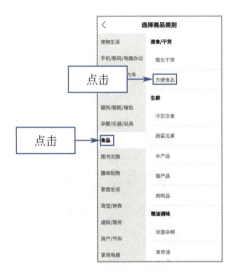
图 11-13 "选择商品类别"界面

图 11-14 "资质需求"对话框

步骤04 进入"新增资质"界面,按要求填好信息,全部填好之后,点击"提交审核"按钮。提交审核后,快手平台将对你的产品进行24小时的审核,如果审核成功,商品就添加成功了。

在添加商品时,还可以点击"添加商品"界面的"预览商品"按钮,查看产品图片,设置商品规格,还会显示店铺、客服、个人主页信息。

快手小店运营者需注意,不同的商品类别有不同的要求。根据《快手小店保证金管理规则》相关规定,有的商品需要缴纳500元保证金,而有的商品需要缴纳的保证金高达1万元。

(2)商品管理

打开快手短视频App进入快手小店,在"买家端卖家端"界面找到"商品管理"按钮,点击,如图11-15所示。点击"商品管理"按钮之后,进入图11-16所示的"快手商品"界面。该界面里有3种分类形式:在售、审核、已下架。可以搜索你添加过的商品,因为笔者没有经营快手小店,所以,小店里没有商品。

图 11-15 点击"商品管理"　　　　图 11-16 "快手商品"界面

(3) 删除商品

当商品过期或下架了,该如何处理?

打开快手App,进入快手小店,找到自己已经添加过的商品。如果商品已经下架或者不想再进行销售,点击页面右上角的删除图标即可。

11.2.3　商品链接,如何获取

很多快手小店的经营者在其他平台也有自己的店铺,他们想把其他平台的商品添加到快手小店。还有一部分人,没有自己的店铺,他们也想在快手小店销售商品,以下具体介绍解决方法。

步骤01 进入快手小店功能页,从"其他平台商品"界面直接点击"添加商品",如图11-17所示。

步骤02 进入"添加商品"界面,运营者如果不知道怎么获取其他平台的商品,可点击商品链接后方的"如何获取"按钮,如图11-18所示。

步骤03 以淘宝平台为例,将来自"淘宝"的商品链接粘贴在"商品链接",输入商品名称,然后选择商品类别。如果已缴纳了保证金,直接点击"提交"按钮,等待商品24小时的审核。

图 11-17　点击"添加商品"　　　　图 11-18　点击"如何获取"按钮

11.3　运营策略，提升流量

快手小店的经营需要流量支撑，要想经营好小店，主要策略是获得流量。如何源源不断地获取流量呢？为读者提供3个阶段的参考。

11.3.1　入门运营，详细介绍

快手运营者把自己的账号包装好后，面临的最大问题就是如何进行推广。快手入门运营最重要的就是视频制作，因为优质的视频才能得到官方的更多推荐，才能获得更多粉丝的关注。下面笔者为读者简单介绍一下快手内容的制作要点，具体内容参考以下3点，如图11-19所示。

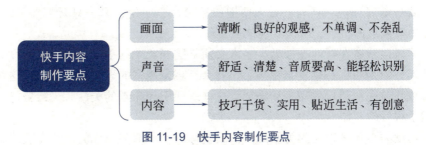

图 11-19　快手内容制作要点

当你确定好自己要做什么内容后，就要学会怎么去拍摄视频，在这里给大家总结了3点。

① 视频的时长。短视频以短为主，笔者建议一般30秒左右，这能保证用户在极短的时间内看完。如果你发布的内容比较具有实用性，时长可根据自己决定，但也不能超过两分钟，除非内容十分优质。

② 视频中的字幕。字幕在短视频里面是很重要的，它决定了该视频运营者是否是在认真运营该账号，如果视频不加字幕，那么再优质，也会在用户的心里打上折扣。

③ 视频的画幅。我们在观看短视频时，一般都是竖屏观看，所以运营者在制作时，一定要把内容制作成竖屏模式。

我们都知道，具有技术性的视频更能得到用户的喜爱和点赞。但拍摄技术性的视频不是一下子就能学会的，这需要运营者多操作、多练习，才能达到一个非常好的效果。

另外，每一个领域都有自己行业的发展特点，它们对视频拍摄的技巧要求也都不同，运营者需要多了解这方面的知识，在拍摄时，尽量做到最好，这样不仅可以规避一些错误，还能更好地运营账号。

11.3.2　4大要点，精细运营

精细化运营对于快手账号运营者来说是非常重要的，只有把自己的账号做到足够精致，才能持续不断地吸引粉丝。那么如何做到精细化运营呢？笔者为大家总结了4点内容，具体如下。

（1）快手号的内容必须精确定位

账号运营者在开通账号之前，就应该想好自己要如何运营，必须要对运营的内容有个清楚的定位，因为只有这样才知道自己以后要往哪个方向发展，为你以后的运营打下良好的基础。

（2）吸引粉丝，主动添加粉丝

要想做好短视频运营，首先要把粉丝放在第一位，因为只有掌握了粉丝，账号才有发展的机会，才能实现流量变现。

账号运营者在开通账号后，通常会面临这样一个问题，基本一开始没有什么粉丝。但是当你持续发布视频后，就会有越来越多的人观看，如何把这些人转化成粉丝呢？建议大家主动添加，这样既能引起粉丝的关注，又给自己的账号做了很好的宣传。

短视频平台是以粉丝为基础的，只要你的粉丝够多，你的运营发展就会越来越好。

（3）多与粉丝互动，多回复评论

前面章节说过评论区对账号流量的影响，如果评论区经营得好，那么你会转化很多粉丝，从而增加账号流量。当粉丝积累到一定程度之后，账号就变得十分有价值。

快手运营者要想做到精细化运营就应该牢牢记住这一点，评论区的力量是非常强大的，必须要多评论、多回复、多参与，这样有利于实现粉丝的极速增长，为快手小店注入源源不断的新能源。

（4）多利用互联网平台推广

现如今，短视频平台非常之多，如果想把自己的快手账号推广出去，就必须有效利用这些平台。如果其他平台的用户觉得你可以帮助他解决一些问题，甚至还会实现二次推广。

要想做到账号的精细化运营，运营者们就要牢记以上4点，可以帮助你的账号迅速成长为成熟的账号。

11.3.3 多种玩法，更好运营

我们已经基本掌握了如何在快手小店添加商品、删除商品和商品分类，也认真学习了快手小店的入门运营和精细化运营，那么最重要的一点来了，如何玩好快手小店？笔者认为，快手账号运营者必须要掌握快手小店的一些玩法，如多账号运营、参与官方活动和参与话题。这些新玩法，可以有效帮助运营者经营好平台小店，笔者接下来向各位读者一一介绍。

什么叫做多账号运营？顾名思义，就是可同时运营多个不同类型的账号，然后通过"@"等方式，互相进行账号间的推广引流。我们在快手刷短视频时，经常能看到很多相互关联的账号在同一个视频中出现，这就是该账号运营者使用的一种快速推广账号的方法。

多账号运营可以有效帮助账号的推广引流，可以拓宽快手小店的销售途径，因为用户可以从你打造的矩阵账号中发现更多的产品，这也是为你的小店额外增加了推广和销量。

参与官方活动就是关注并参与快手官方平台推出的各种活动，从而可以更好地吸引快手用户的关注，获得更多的流量。快手官方平台平时会推出各种活动，如图11-20所示。

图 11-20 快手活动海报

快手官方平台在 2020 年上半年推出了几个重大活动，触及十几亿用户，如果你积极参与了这些活动，便可获得非常可观的流量。如果你有快手小店，那么在此期间，会得到很多人的关注。当用户看到你的产品可以满足他们的需求时，他们也会一直光顾你的小店，并进行购买，那么，你就可以成功获利。

图 11-21 话题挑战赛海报

参与活动玩法，其实就是根据快手中的某些话题进行营销和挑战。从具体角度来看，参与话题可分为 3 个方面，即尽可能多地参与快手官方平台推出的话题挑战赛、尽可能自己多发起和多打造热门话题、尽可能积极参与快手达人超级话题定制。图 11-21 所示为快手平台推出的一种话题挑战赛海报。这一话题挑战赛的推出，吸引了很多学生拍摄校园视频，一时间火爆快手平台。